天津博物馆文物展览系列图集

编委会主任： 陈 卓 白文源

编　委 （以姓氏笔画为序）：

于 英 于 悦 白文源

刘 渤 李 凯 陈 卓

岳 宏 姚 旸 钱 玲

徐春苓 黄克力

中华百年看天津

主　编：岳 宏

摄　影：刘士刚

天津博物馆文物展览系列图集

中华百年看天津

天津博物馆 编

文物出版社

总序

陈卓

　　天津，中国的历史文化名城，地处九河下梢，位当京畿通衢，自古以来便是舟车汇聚之地、人文荟萃之所。明清以降，城市经济的发展带来了文化的勃兴，津沽之地渐成典章集聚、文物汇藏的名区。近代开埠后，天津更一跃成为中国北方的经济中心与文化重镇。特殊的地理位置与城市地位为天津文物文化事业发展奠定了雄厚基础。众多卓有建树的文物鉴藏家临于斯土，八方风物、历代珍品亦有缘归于津门。在天津这片沃土上，文物收藏逐渐形成传承有绪、品类齐全的良好局面，这不仅构筑起天津收藏的整体规模，更对后世影响颇巨，遗泽深远。

　　作为近代文明的发展标志，博物馆进入中国时间较晚，最先出现于一些"得风气之先"的口岸城市。在天津，博物馆已走过了近百年的发展历程。新中国成立后，尤其是经过改革开放后的快速发展，天津的文物博物馆事业真正进入了"大有为"的时期。时至今日，城市博物馆群体已颇具规模。其中，天津博物馆以其丰富的藏品、广泛的影响在国内外业界享有崇高声誉，并成为绍绪天津收藏传统，开拓文化公益事业的典型。作为一座大型历史艺术类综合性博物馆，天津博物馆拥有涉及历史文献、书法绘画、陶瓷器、玉器、青铜器、金银器、甲骨、砚台、玺印、钱币、邮票以及民间艺术等多门类 20 余万件藏品。如何将众多的文化精品惠及更广泛的民众，

这始终是天津博物馆致力于探寻的问题。对于现代博物馆而言，举办高水平展览无疑是实现这一目标的主要方式。

　　2009 年，天津博物馆新馆项目立项。天博人决心利用此次良机，对原有各类型展览进行大规模充实、创新。筹展工作开始后，天津博物馆先后多次邀请国内众多知名专家、同行会商策展大计，并组织本馆专业人员对原有展览进行全面评估，深入挖掘馆藏文物的特点及内涵，由此确定下新馆展览的设计方向。

　　与原有展览不同，新馆展览在内容设计与展示手段方面皆有较大程度的改进创新。一方面，新展览加大了馆藏优势的体现力度，通过"耀世奇珍——馆藏文物精品陈列"、"聚赏珍玉——馆藏中国古代玉器陈列"、"线走风姿——馆藏明清书法陈列"、"寄情画境——馆藏明清绘画陈列"以及"雅静青蓝——馆藏明清青花瓷陈列"等文物精品、专题陈列，集中向观众展示了天津博物馆在多个文物类别领域的收藏"深度"与"精度"。在这些展览中，许多珍贵文物都是首次与民众见面。人们将有机会尽可能多地欣赏、了解这些古代文化遗珍；另一方面，在选取"好题"、"好物"的基础上，新馆还推出多个新颖的文物主题展览。其中，"器蕴才华——文房清供陈列"、"安和常乐——吉祥文物陈列"、"沽上风物——天津民间工艺陈列"和"志丹奉宝——天津收

藏家捐献文物展"等均在突出主题的同时，打破了以往堆砌文物的展览模式，在创意与馆藏文物间找到最佳的契合点，力求在推出精品的同时，向观众奉献格调高雅、内涵丰富的高水平展览。这些展览不囿于传统陈设理念，而是解放思想、大胆创新，强调观众的互动参与，通过对馆藏文物的鉴选整合，探索出别开生面的展览新模式，创造出迥别于以往的展示意境。

无论文物主题展抑或专题展，它们皆力求打破以往以物论物的界限，利用一些为民众所熟悉的传统文化主题组织瓷、玉、书画等丰富文物展品，从而使各类器物在新的主题下获得了崭新的解读视角。展览也因此在更加贴近中国传统文化的同时，符合了民众的心理需求，使观众在"贴近"艺术珍品的同时对传统文化增进了解，有所记忆。

众所周知，博物馆在进入中国那一刻起，便担负起整理故物与开启民智的职责和使命。在现代城市博物馆中，人们不仅需要掌握传统文化的精髓，还须借由展览熟悉城市历史的发展过程，熟悉特有的地域文化，进而从中有所启迪，有所领悟。有鉴于此，天津博物馆重新"包装"推出了"天津人文的由来"、"中华百年看天津"等历史文化主题展。这部分展览集中展示了天津城市的发展历程、历史人文的发展脉络，努力使观众通过观展明晓天津历史文化渊源，在观史的同时解读身边的城市。

其中，"中华百年看天津"一直是天津博物馆致力推出的"拳头产品"，此次借由新馆创立之机，策展人员重新对其进行了加工完善，借助文物、文献、史料、照片等2100余件展品，极大扩充丰富了展览内容，使天津近代发展面貌得到全景式展现，从而在做足天津本土文化主题的同时，达到引领观众了解中华民族伟大复兴历程的目的。

2012年5月，天津博物馆新馆正式对外开放，新设11项基本陈列亦相继与观众见面。它们在带给观众赏悦感受的同时，也无疑将为他们打开一扇文物典藏与文化传播的大门。为扩大展览的影响，使喜欢这些展览的广大观众朋友们更方便地鉴赏、认识这些珍贵的艺术精品和历史文物，深度了解展览的旨意，同时也为鉴证、保留这次策展的丰富经验与丰硕成果，天津博物馆特组织策展人员精心遴选展览中的文物，力图用通俗易懂的语言编写本套图录，将那些绚烂的艺术品、历史的见证物与凝聚众多天博人心血的展览设计变为文字、图片汇入册页，以志纪念，并请指正！

目 录

概述 岳宏

"中华百年看天津"是天津博物馆为展示近代天津历史而创立的陈列品牌。展览以在天津发生的具有国家历史影响的事件和人物为主要素材，展示中华民族经历的半封建半殖民地的苦难历程，表现以生活在津沽大地的仁人志士为代表的中华儿女，为争取民族独立，实现国家富强而进行的浴血抗争和艰苦卓绝的探索，不屈不挠的奋斗。

"中华百年看天津"将激荡津沽的百年风云整合成透视中国百年历史的时代缩影，串并为天津走向中国北方最大工商业城市的历史足迹。

为表现主题，整个陈列分为七个部分：引子、抵御外侮——从三次大沽口之战到抗战枪声、外患深重——租界的建立与军事殖民统治、政治变革——从三口通商衙门到特别市的建立、经济中心——北方最大的工商业和港口城市、中西交汇——城市文化与社会变迁以及奔向光明——中国共产党领导的新民主主义革命实践。

"引子"展示的是第二次鸦片战争前以英国为代表的西方殖民势力觊觎天津的历史过程，揭示了天津被迫开放为通商口岸的宏观历史背景。主要内容包括，马戛尔尼使团、阿美士德使团先后登陆天津，预示着中国将不可避免地被纳入西方主宰的世界体系；先于虎门销烟的天津销烟；1840 年 8 月在大沽口外发生的"白河投书"，这一事件扭转了清政府的禁烟政策，迫使道光皇帝作出妥协。

"抵御外侮——从三次大沽口之战到抗战枪声"展示的是濒海临都的天津，既是西方列强自海上征服中国最重要的桥头堡，更是近代中国军民抵御外侮的前哨主阵地。内容详述了天津军民抵御外来侵略的历史壮举：英勇悲壮的三次大沽口之战、震惊中外的天津教案、重创八国联军的庚子之役、保卫老西开、天津抗战等，它们向世人昭示了天津军民同侵略者血战到底的气概。

"外患深重——租界的建立与军事殖民统治"展示的是英国、美国、法国、德国、日本、俄国、意大利、比利时和奥匈帝国九国租界的建立过程，八国联军在天津的殖民机构"都统衙门"的存废以及日本对天津的侵略，揭示了天津是近代中国半封建半殖民地的典型代表。

"政治变革——从三口通商衙门到特别市的建立"的内容表明，自洋务运动开始，天津就成为部分官僚和学者在北方探求民族和国家出路的大本营，李鸿章在此任职25 年，使天津成为洋务运动的北方中心、近代中国的外交中心；严复在这里宣传变法思想，使天津成为维新运动的重镇；袁世凯在天津推行"新政"，使其成为许多新事物的实验基地；武昌起义前后，资产阶级革命党人在天津活动频繁，组织策划了震动北方的滦州起义，资产阶级立宪派也将天津视为北方的活动中心。总之，在此起彼伏的变革浪潮中，天津成为近代新政治理念在中国北方的实践中心。

"经济中心——北方最大的工商业和港口城市"展示的是天津成长为中国北方经济中心的曲折历程。在这一历程开端的洋务运动期间，天津在近代工业、交通运输、信息传播等许多方面开创了中国现代化之路，兴建了北方最大的工业企业——天津机器局，修筑了中国第一条标准轨矩的铁路——津唐铁路，架设了中国人自己的第一条电报线和电话线，发行了中国第一套邮票等；清末至民国，一些爱国企业家在天津进行了实业救国的探索，创办了近代中国的造币中心——天津造币总厂、中国第一家精制盐生产企业——久大精盐公司、开创中国化学工业先河的永利碱厂、中国最先进的涂料企业——永明油漆厂、生产出中国第一部电话的中天电机厂，兴建了规模巨大的六大纱厂和敢与洋货争天下的东亚毛呢纺织股份有限公司，最终形成了以纺织、化学和食品工业为支柱的工业结构，使天津成为中国为数不多的真正沐浴了近代工业文明的城市之一。与此同时，随着对外贸易的扩大和商业的繁荣，现代金融业也得到蓬勃发展，据不完全统计，近代天津出现过的银行有189家。而一批大型零售商场的落成更标志着大都会式的商业中心在天津全面形成。辽阔的腹地，丰富的物产和四通八达的水陆交通网络，使天津逐渐成长为中国北方最大的商品集散地和对外贸易口岸。经济的发展带动了人口聚集，加速了城市建设的步伐，进一步丰富了城市的载体功能，使建成区面积不断扩大，从开埠前的 9.4 平方公里拓展至 1949 年的 50.3 平方公里。

"中西交汇——城市文化与社会变迁"展示的是近代天津文化的发展与社会生活的变迁。作为沿海通商口岸的天津，以海纳百川的胸襟，博采众家之长，成为中国最早接触、传播西方思想文化的城市之一。多元的文化环境使天津出现了李叔同，居留了梁启超等文化巨匠；诞生了《大公报》、中国第一所大学——北洋大学、南开学校等享誉全国的传媒、教育机构；产生了中国近代第一个科学技术团体——中国地学会，以詹天佑、姜立夫、饶毓泰、侯德榜等为代表的一批以科学救国为己任的专家学者也曾在天津辛勤耕耘；培育了曹禺、焦菊隐、黄佐临等戏剧大师，创办了中国最早的美术馆之一——天津美术馆。中国传统的京剧、评剧、曲艺也在海河之畔开花结果，使天津成为京剧传播的码头、北方曲艺之乡、评剧摇篮，并与西方传入的美术、音乐、戏剧、电影共同繁荣。近代化的发展过程使天津的社会生活逐渐出现以商业化、城市化、社会化和快节奏为特征的时代变迁，公共生活领域日益扩大，社会阶层更加复杂。

"奔向光明——中国共产党领导的新民主主义革命实践"展示的是中国共产党领导天津人民推翻黑暗统治，获得彻底解放的光辉历程。内容包括李大钊直接指导的中共天津地方执行委员会的诞生，中共顺直省委、北方局的成立，周恩来、刘少奇、陈潭秋、彭真等在天津的革命活动和"天津方式"的形成。这些都表明中国共产党在天津的革命斗争为解放全国积累了丰富经验，做出了不可磨灭的贡献。

展览立意较高，从近代中华百年的层面展示天津历史，也就是尽可能选择在天津出现的对中国近代史产生较大影响的人物和事件作为陈列内容的主要素材，从而揭示天津在中国近代史上所具有的战略地位和发挥的不可替代的作用，表现近代天津在政治变革、经济建设、文化交汇等方面引领全国的潮头地位。

展览全景式地再现了近代天津历史。展览以马戛尔尼使团来华作为切入点，引出西方殖民势力的东渐、入侵的历史背景，突出天津人民英勇悲壮的抗争和对国家、民族出路的艰苦卓绝的探索。从政治、经济、文化、社会以及人民革命诸方面展示历史，时间跨度 150 余年。

展览内容紧紧围绕主题。展览的主题是这样体现出来的：以抵御外侮的壮举和解放战争的硝烟作为浴血抗争的主要内容，并将它们分置于展览的首尾，这样安排既顺从了历史脉络，又突出了中华儿女"为有牺牲多壮志，敢教日月换新天"的民族精神，且与百年中国波澜壮阔的革命潮流相始终；将列强租界的建立与抗日期间的沦陷作为近代中国半封建半殖民地苦难历程的写照；将包括洋务运动、清末新政在内的政治变革以及各界爱国人士积极践行的实业救国、教育救国和科学救国作为为实现国家富强而探索、奋斗的重要线索，其奋斗的过程和结果就是在天津启动了中国的现代化历程，并在这一进程中，通过吸收近代人类文明的优秀成果，建构起有别于封建传统的物质文明、制度文明和精神文明。最后，以新中国的诞生，五星红旗的飘扬这一表现民族独立百年梦想的光辉实现来结束整个展览，这样安排既首尾相应，又紧扣"中华百年"的立意。

在突出主题的同时，兼具乡土气息。展览精选了一些天津人耳熟能详的历史素材，特别是在社会生活方面，充分展示了近代天津的衣食住行、婚丧嫁娶、休闲方式等，使观众感到亲切、亲近，容易产生共鸣，并与主题相得益彰。

展品较为丰富。展览共使用各种展品 1100 余件，其中，文物、文献近 500 件，照片近 600 张，辅助展品近百件。在相关形象资料的收集、整理、考证、解读及系统化方面首屈一指，可以说是集近代天津历史文献、文物与照片资料之大全。

第 一 部 分

引 子

　　随着新航路的开辟，特别是 18 世纪工业革命后，以英国为代表的西方势力，打着"自由贸易"的旗号，四处攫取资源，寻找海外市场，天津成为西方使团登上中国大陆的落脚点。殖民势力的不断东扩，预示中国将不可避免地被纳入西方主宰的世界体系。为了打开中国市场的大门，1840 年 6 月，英国发动了罪恶的鸦片战争。战争开始后不久，英国侵略军就按照既定政策北上天津，在大沽海口向清政府递交了英国外交大臣致中国宰相书，史称"白河投书"，并与直隶总督琦善进行谈判，其目的在于扭转清政府的禁烟政策，迫使道光皇帝妥协。

哥页笔下的天津卫

为了寻求"自由贸易",称霸海上的荷兰向中国派出了由东印度公司高级商务官哥页(Pieter de Goyer)和开泽(Jacob de Keyzer)率领的外交使团。1656年7月他们在前往北京的途中来到天津。这是荷兰人绘制的天津景色。

马戛尔尼

1793年是清朝乾隆皇帝八十三岁寿诞之年。工业革命时期的英国政府以祝寿为名,派出了由前驻俄公使马戛尔尼(George M.Macartney,1737-1806)率领的的官方代表团。马戛尔尼使团包括外交官、青年贵族、学者、医生、画家、乐师、技师、士兵和仆役,算上水手近700人。图为马戛尔尼。

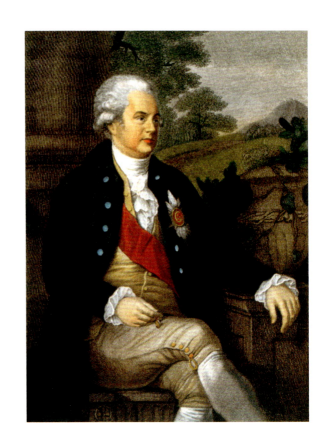

马戛尔尼使团在天津

　　1792年9月26日，马戛尔尼使团从普利茅斯起航。1793年8月5日，马戛尔尼从天津大沽登上中国大陆。8月11日，英国使团抵达天津。马戛尔尼使团为中国宫廷准备了琳琅满目的礼品，包括天象仪、地球仪、机械工具、天文钟、望远镜、测量仪、英国军舰模型、毛毯、伯明翰五金制品、谢菲尔德钢铁、玻璃制品等。这些礼品在一定程度上反映了当时英国科技与工业生产水平。马戛尔尼收集到关于中国的第一手资料。他察觉到，中国的知识阶层对物质进步漠不关心，军队仍然使用弓箭，缺少近代火器，普通民众生活贫穷。1796年伦敦出版了《英使马戛尔尼奉使记》一书。这是马戛尔尼使团绘制的天津景象。

海河楼

　　1816年，英国再派外交使节阿美士德（William Pitt Amherst, 1773–1857）来华，8月13日（一说12日）抵达天津。后因礼节争议未能见到嘉庆皇帝就离开了中国。这是阿美士德使团绘制的天津海河楼景色。

天津销烟

为了改变贸易逆差，英国人开始大量向中国输出鸦片。到1826年后，中国在中英贸易中出现逆差，并逐步扩大。天津是中国北方最大的鸦片走私口岸和贸易市场。天津的鸦片多流向北京和内地。为了铲除鸦片贸易，1838年11月13-14日，清政府将在大沽口查获的约4100公斤鸦片运至天津小西关南运河旁销毁。天津销烟早于1839年6月进行的著名的虎门销烟。

大沽口的英国军舰船

1840年2月，英国政府任命懿律（George Elliot, 1784-1863）和其堂弟义律（Charles Elliot, 1801-1875）为驻华正副全权代表，并派懿律为侵华英军总司令。4月，英国议会通过侵华战争决议案。6月，懿律率领英国远征军抵达中国海面，第一次鸦片战争爆发。8月9日，懿律、义律率领8艘英国军舰驶抵天津大沽口外，向清政府递交《帕默斯顿致中国皇帝钦命宰相书》，史称"白河投书"。

抵御外侮

从三次大沽口之战到抗战枪声

为了扩大在华权益，1856-1860 年，英法两国对中国发动了第二次鸦片战争。濒海临都的天津，开始成为西方列强自海上征服中国最重要的桥头堡，因而也是近代中国军民抵御外侮的前哨主阵地。英勇悲壮的三次大沽口之战、震惊中外的天津教案、重创八国联军的庚子之役、保卫老西开、天津抗战等，都向世人昭示了天津人民同侵略者血战到底的气概。

四国公使递交照会

为了扩大在华权益，1856年10月，英国挑起第二次鸦片战争。次年，法国与英国组成侵华联军。根据俄国公使普提雅廷（Euphimis·Vasilievitch Poutiatine, 1803–1883年）"使北京本身受到压力"的建议，从1858年4月13日开始，英、法等国军舰先后抵达大沽口外。此后，英、法、美、俄国公使陆续发出照会，要求清政府派全权代表到大沽谈判。这是插有四国国旗的小划艇在大沽南炮台向清政府官员递交照会的情形。

英法联军进攻大沽炮台

1858年5月20日上午8时，英法联军向直隶总督谭廷襄发出最后通牒，要求10时前交出大沽炮台，遭到拒绝。10时刚过，2000余名英法联军立即发动进攻。12时，南岸炮台失守。直隶总督谭廷襄驻扎的海神庙也被英法联军占领。

大运河上的鸬鹚号

　　大沽炮台失陷后，英法军舰12艘和1000余名士兵沿海河向天津进发，于1858年5月26日兵临天津城下。图为驶抵海河的英国军舰"鸬鹚号"。

1858 年《天津条约》

　　1858年5月28日，清政府急忙派出大学士桂良、吏部尚书花沙纳前往天津。经过多天谈判，1858年6月13、18、26和27日，中俄、中美、中英和中法《天津条约》在海光寺签订。7月17日，英法舰队撤出天津。图为《天津条约》签约后的桂良（右）与花沙纳。

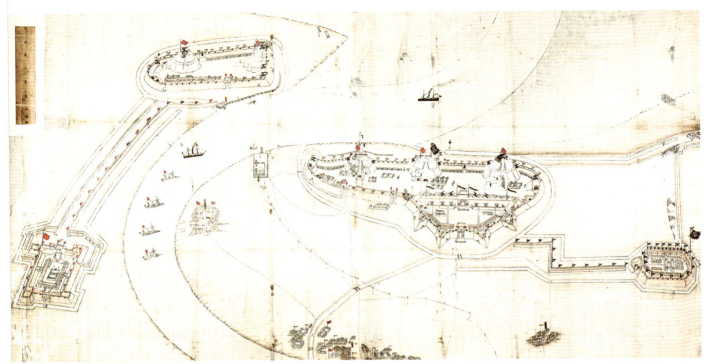

大沽海口营盘图

1858年6月2日，咸丰皇帝命蒙古亲王僧格林沁（1811-1865年）为钦差大臣，负责京津一带的防御。8月，僧格林沁抵大沽，重建被英法联军毁坏的大沽炮台。僧格林沁还重建了被废弃的北炮台。此外，又在北炮台以北兴建了石缝炮台。

铁炮

大沽南岸前炮台和中炮台各安设铜炮三门，分别为1.2万斤、1万斤和5千斤，后炮台安设5千斤铜炮1门；北岸前炮台和中炮台各安设重炮3门，石缝炮台安设重炮3门。这些重炮用于攻击舰船。僧格林沁还调集京师、蒙古等处军队支援大沽地区。这是大沽炮台使用过的铁炮。

第二次大沽口之战

　　1859年6月17日，英国驻华海军司令何伯（James Hope，1808-1881年）率舰队抵达大沽口外。25日下午2时30分左右，大沽炮台上的清军与12艘英、法舰艇发生激烈战斗，清军以准确、猛烈的炮火攻击敌舰。英军炮艇茶隼号（Kestrel）、庇护号（Lee）、鸻鸟号（Plover）和鸬鹚号（Cormorant）被击沉。登陆之敌也被击退。

北塘炮台全景

　　失利后的英法联军从国内及殖民地调集大量军队，准备卷土重来。1860年8月1日英法联军开始在北塘登陆。登陆行动进行了10天，未受到任何阻碍。英法联军登陆后占领了北塘炮台。这是8月3日跟随英国远征军的意大利摄影家费利斯 A.比托（Felice A. Beato, 1832-1909年）拍摄的北塘炮台。

激战后的炮台

在攻陷新河、塘沽后，英法联军于1860年8月21日凌晨5时，开始进攻石缝炮台，守军在直隶提督乐善的指挥下与侵略者展开炮战。与此同时，大沽南北岸炮台也向敌人轰击。将近中午，石缝炮台陷落。这是比托拍摄的激战后的炮台。

在津英国军人墓碑

大沽炮台失陷后，英法联军沿海河前往天津。8月24日，英法军队抵达天津城外。这是1860年在天津病死的英国军人的墓碑。

英租界码头

1860年9月8日，英法联军由天津向北京进犯，并火烧了圆明园。10月24、25日，清政府代表恭亲王奕䜣被迫与英国公使额尔金、法国公使葛罗签订了中英、中法《北京条约》。《北京条约》规定开天津为通商口岸，使西方殖民势力大举进入天津，标志着天津近代历史的开端。

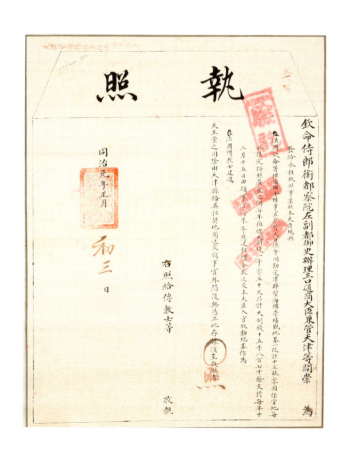

天主堂执照

1862年初，法国天主教会租用崇禧观地基15亩用以建立教堂。1869年，天主教会将崇禧观拆毁，建起了"圣母得胜堂"——望海楼教堂。这是三口通商大臣崇厚颁发的永租执照。

烧毁后的望海楼教堂

1870年6月21日，因怀疑教堂残害儿童，数千名天津民众聚集在望海楼教堂前。法国驻津领事丰大业（Henri Victor Fontanier，1830-1870年）为此先后枪击三口通商大臣崇厚和天津知县刘杰。愤怒的群众将丰大业击毙，并将望海楼教堂、法国领事馆及位于东门外的仁爱修女会的仁慈堂焚毁。这就是震惊中外的天津教案。图为烧毁后的望海楼教堂外景，1871年苏格兰摄影家约翰·汤姆逊（John Thomson，1837-1921年）拍摄。

克虏伯炮轮

风起云涌的义和团运动严重威胁西方列强的在华利益，各国决定出兵干预。在西摩尔联军受困后，八国联军决定攻占大沽炮台，为后续部队建立登陆点。1900年6月17日零点50分，大沽炮台守军与八国联军展开激战。到早晨5时30分，西北炮台首先被联军占领。北炮台和南炮台也先后陷落。大沽炮台守军伤亡1000多人。这是大沽炮台装备的德国克虏伯大炮的轮子。

神助拳　義和團　只因鬼子鬧中原　勸奉教　自信天
不信神　忘祖仙　男無倫　女行姦　鬼孩俱是子母產
如不信　仔細觀　鬼子眼珠俱發藍　天無雨　地焦旱
全是教堂止住天　神發怒　仙發怨　一同下山把道傳
非是邪　非白蓮　念咒語　法真言　升黃表　敬香烟
請下各洞諸神仙　仙出洞　神下山　附著人體把拳傳
兵法藝　都學全　要平鬼子不費難　拆鐵道　拔線杆
緊急毀壞大輪船　大清一統靖江山　洋鬼子　盡除完
大法國　心膽寒　英美德俄盡消然

詩曰　弟子同心苦用功　遍地草木化成兵　愚蒙之體
仙人藝　定滅洋人一掃平

右傳云山東聖府抄傳

其一

庚子荓蜂錄　卷下

一

义和团在天津张贴的歌谣、揭贴

1899年春，天津西郊和南郊出现以"扶清灭洋"为宗旨的义和团的宣传。1900年春、夏之际，义和团声势越来越大，天津全县共有义和团四、五万人。这是义和团在天津张贴的歌谣、揭贴。

男練義和團
女練紅燈照
砍倒電綫桿
扒了火車道
燒了毛子樓
滅了耶蘇教
殺了東洋鬼
再跟大清鬧

被击毙的八国联军美军上校里斯库姆碑

大沽炮台失陷后，八国联军源源不断地涌入天津。清军与义和团携手，在天津同八国联军展开了一场殊死战斗。这是美军第9步兵团指挥官里斯库姆（Emerson H Liscum）上校被中国军民击毙后，八国联军在日租界大和公园内为他树立了这座纪念碑。

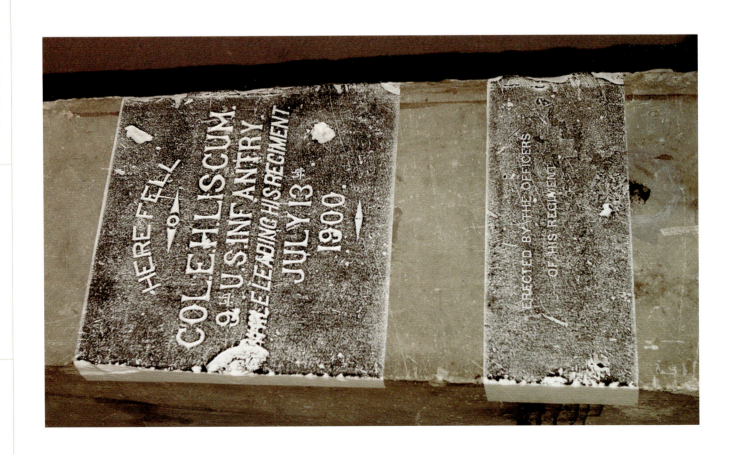

缴获的八国联军短枪、马刀

八国联军从军纪念章

　　1900年7月14日，八国联军攻陷天津。8月4日，八国联军18800余人从天津出发，进犯北京。14日，八国联军攻入北京。这是八国联军颁发的从军纪念章。

法租界救国工团

1916年，法国企图借老西开天主教堂落成之机，将这一地区并入法租界。遭到中国政府拒绝后，10月20日，法国驻津领事以武力占领老西开地区。法国的强盗行径激起了天津各界群众的愤怒。11月12日，法租界里的法商企业工人开始罢工，并组成工团和工团事务所，指挥罢工和领导示威游行。这场斗争迫使法国不得不放弃完全侵占老西开的企图。图为在反法斗争中成立的爱国团体"公民大会"与法租界"爱国罢工团"代表合影。

公大七厂铜牌

1937年7月29日凌晨，驻守天津的中国军队第二十九军三十八师和保安队等5000余人，向日军发起猛烈进攻，打响了卢沟桥事变后中国军队主动出击的第一枪。经过激烈战斗，中国军队占领了铁路东站（今天津站）、总站（今北站），烧毁了机场，封锁了日军海光寺军营等。这是公大七厂日本厂长为被击毙的日军立的铜牌。

第 三 部 分

外患深重

租界的建立与军事殖民统治

　　天津开埠后,英、美、法三国率先在天津建立了租界。随后,德国、日本、俄国、意大利、比利时和奥匈帝国又在天津划定了租界。到 1902 年,共形成了九国租界,面积约相当于当时天津城厢的八倍。从 1900 年 7 月到 1902 年 8 月,八国联军还在天津设立了殖民机构——都统衙门。《辛丑条约》签订后,日本在天津成立了中国驻屯军司令部。1931 年,日本从天津将末代皇帝溥仪劫持到东北,充当傀儡。此后,日本又在天津迫使中国政府签订了《塘沽协定》与"何梅协定"。沦陷后的天津成为侵华日军的后勤基地和贩运华工的重要港口。

英租界界桩

　　《北京条约》签订后，1860年12月，英国驻华公使普鲁斯（Frederick William Adolphus Bruce，1814–1867）照会清政府，要求在天津设立英租界。英国皇家工兵上尉戈登（Charles George Gordon，1833–1885年）与一位法国军官划定了天津英、法租界。这是英租界界桩。

英租界工部局的印章

　　工 部 局（Municipal Council）是英租界的行政机构，最初职能类似清政府办理公共工程的"工部"，它由纳税人选举的行政委员会（又称董事会）和若干职能部门构成。这是天津英租界工部局印章（原文为："大英国驻津工部局钤记"）。

英租界界碑

1897和1902年英租界又经过了三次扩张，其中包括将原美租界并入。扩张后，英租界总面积达6149亩。这是新拓英租界界碑。

法租界工部局医务处、卫生处铜牌

1861年6月2日，法国参赞哥士耆（Michel Alexandre Kleczkowsky）与三口通商大臣崇厚签订了《天津紫竹林法国租地条款》。法租界工部局是公议局董事会下属的执行机构。这是法租界工部局医务处、卫生处铜牌。

日租界界桩

　　1896年10月19日，清政府与日本政府签订《公立文凭》，准许日本在上海、天津等地设立租界。1898年8月29日，双方又签订《天津日本租界条款》，划定天津日租界。这是日租界界桩。

德租界界桩

　　1895年，德国以"干涉还辽"有功为借口，向清政府提出建立租界要求。同年10月30日，德国驻天津领事与北洋大臣委派的代表签订了《德国租界设立合同》，划定了租界范围。这是德租界界桩。

日本共益会铜牌

　　建于1930年的日租界共益会是具有私人性质的财团法人组织，其作用在于保护和增进旅居天津的日本人的共同利益，以经营祭祀、教育、卫生及其它事业为目标。这是1935年6月共益会铸成的铜牌。

意租界工部局铜牌

　　1902年6月6日，津海关道与意大利公使签订了《天津意租界章程》，划定意租界的范围。这是意租界工部局的铜牌。

日本中国驻屯军司令官官邸落成时颁发的纪念铜牌

　　1901年《辛丑条约》签订后，日本在天津成立了中国驻屯军司令部。这是日本中国驻屯军司令官官邸落成时颁发的纪念铜牌。

外国士兵在天津

1901年9月签订的《辛丑条约》规定，外国军队驻扎从北京到山海关的12个主要地区。此后，各国军队开始进驻天津。这是英、法、德、俄、意、奥、美、日国士兵。

都统衙门的纪念章

八国联军占领天津后，1900年7月30日，俄、英、日、法、德、美、意七国派人组成了殖民政权"天津城临时政府"，中文名称都统衙门。这是都统衙门的纪念章。

日本事变从军证章

1937年7月7日，中国的抗日战争全面爆发。7月30日，在日本军队的大举进攻下，天津沦陷。这是1937年日军颁发的中国事变从军证章。

日本海军陆战队登陆纪念碑

1933年5月31日，国民党政府军事委员会北平分会总参议熊斌与日本关东军副参谋长冈村宁次（1884-1966年）在天津塘沽签订了《塘沽协定》。1935年6月9日，日本中国驻屯军司令官梅津美治郎（1882-1949年）向国民党政府军事委员会北平（今北京）分会代理委员长何应钦（1890-1987年）提交"备忘录"，限期实行。梅津美治郎的"备忘录"与何应钦的复函，被称为"何梅协定"。1936年4月17日，日本陆军大臣寺内寿一（1879-1946年）在内阁会议上提出增兵华北。日本步步进逼，华北危在旦夕。这是日本海军大臣永野修身（1880-1947年）题字的日军塘沽登陆"纪念碑"。

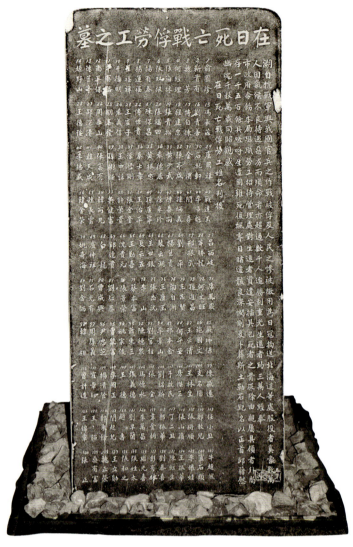

华工

抗日战争期间，有近40000名中国人被掠往日本，充当劳工，其中，35700余人来自华北。在运往日本的169批华工中，有85批由塘沽上船。从1945年10月18日至1946年3月11日，被日本强虏的天津籍劳工遗骨1561具先后从日本运回。这是死亡华工名册和"在日死亡战俘劳工之墓"碑。

日本投降仪式

1945年8月15日，日本宣布投降。10月6日上午，驻津日军在美国海军陆战队司令部（今承德道天津市文化广播影视局办公楼）前，举行投降仪式。

第 四 部 分

政治变革

从三口通商衙门到特别市的建立

　　第二次鸦片战争的失败促使清朝政府中的部分官僚于 19 世纪 60 年代开始了探求民族和国家出路的洋务运动。直隶总督、北洋大臣李鸿章驻节天津 25 年，天津由此成为洋务运动的北方中心和近代中国的外交中心。维新变法期间，严复在天津宣传变法思想，天津成为维新运动的重镇。1900 年八国联军侵华后，清政府实行"新政"，进一步探索国家出路，天津成为"新政"的实验基地。武昌起义前后，资产阶级革命党人在天津活动频繁，天津共和会发动的滦州起义震动了北方；中国民主革命的伟大先行者孙中山曾三次来到天津；资产阶级立宪派的活动，使天津一度成为中国北方政治运动的中心。

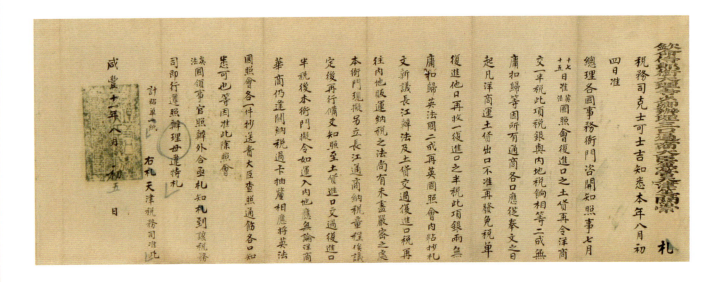

有关三口通商大臣崇厚管理对外贸易的文献

1861年1月20日，清政府任命崇厚为办理三口通商大臣，驻扎天津，管理牛庄（后改营口）、天津和登州（后改烟台）的对外通商事务。这是有关崇厚管理对外贸易的文献。

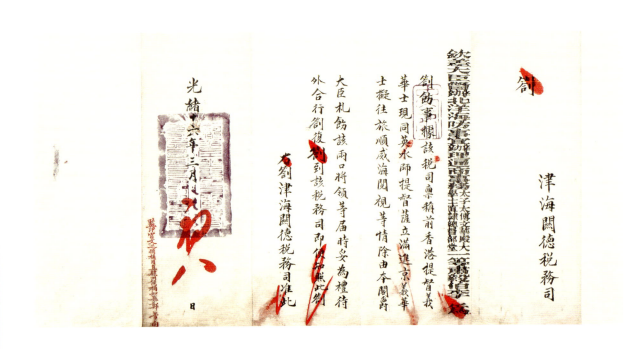

李鸿章给德璀琳的公函

1861年，天津海关（时称津海关）成立。德璀琳（Gustav von Detring，1842-1913年），曾任津海关税务司22年。他经常代表李鸿章执行外交任务，被外国人视为中国"实际上的外交部长"。后死于天津。这是1890年李鸿章就英国官员进京及考察北洋水师事宜给德璀琳的公函。

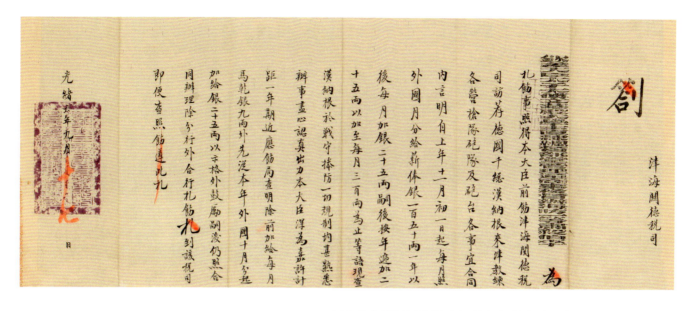

李鸿章为德国军事教官汉纳根加薪事给税务司的通知

　　李鸿章（1823-1901年）字子黻，号少荃，安徽合肥人。1870至1894年间，任直隶总督兼北洋通商大臣。他曾在天津参与掌管清廷的外交、军事和经济大权，成为洋务运动的主要倡导者和清末权势最为显赫的封疆大吏。这是李鸿章为德国军事教官汉纳根加薪事给税务司的通知。

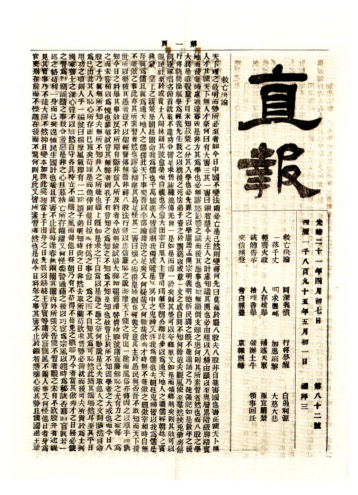

天津《直报》上发表的严复的文章

　　严复（1854-1921年）初名传初，曾改名宗光，字又陵，又字几道。生于福州。中国近代著名启蒙思想家。曾赴英国格林尼茨皇家海军学院学习。1880年8月来津，任北洋水师学堂洋文正教习、总教习、会办、总办（校长），执教达二十年。1895年2至5月，严复在天津《直报》上接连发表《论事变之亟》、《原强》、《辟韩》、《救亡决论》四篇轰动一时的政论文章，宣传维新变法。特别是在《马关条约》签订后发表的《救亡决论》中，发出了"救亡"的呼号，这一振聋发聩的呐喊表明，先进的中国人在惨痛的事实面前已经猛醒。

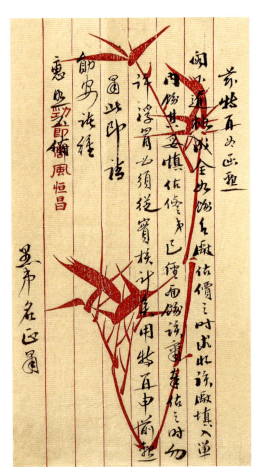
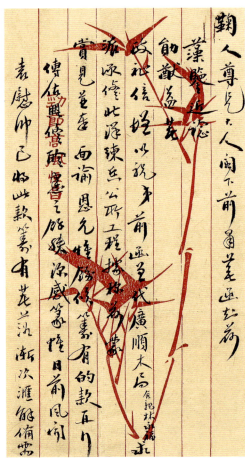

某人为修北洋练兵公所给徐世昌的信

　　1894年（光绪二十年），广西按察使胡燏棻（1841-1906年）奉命用西法编练"定武军"，驻扎马场。1895年9月，移师小站（今津南区小站）。1895年12月，袁世凯接替胡燏棻练兵。这是小站练兵时某人为修北洋练兵公所给时任参谋营务处总办徐世昌的信。

韩家墅军营碑

　　1906年，袁世凯在天津北郊（今北辰区）韩家墅创建北洋陆军讲武堂和学兵营，后更名为直隶陆军干部学校。这是该校遗留下来的学员墓碑。

天津警察局

1900年7月八国联军组织的都统衙门建立了警察制度。当时的警察由外国巡捕和华人巡捕组成。巡捕不仅负责司法、治安，还负责交通、卫生。1902年8月15日，袁世凯从都统衙门手中接管天津时，巡捕制度被完整地保留下来，并将巡捕改称"巡警"。这是中国城市除租界地区外，最早出现的警察。图为袁世凯在天津建立的警察局。

天津地方法院的法庭和办公处

在"新政"中，袁世凯实行了司法改革，规定了司法机构的设置和权力范围以及民事、刑事诉讼程序等，初步分清了司法和执法，刑事案件和民事案件的界限。府、县审判厅后称直隶地方审判厅和直隶高等审判厅。1928年改组为天津地方法院。图为法院的法庭和办公处。

习艺所石匾

1904年6月，直隶总督袁世凯在天津芥园建成近代监狱——罪犯习艺所。习艺所按囚徒体力和性格等授以适当的工艺，并且进行教诲和指导。习艺所设监房、教诲室、工厂、监禁室、医务室、会议室、体操场、囚徒接见所、传染病隔离室、工徒食堂、浴室等。袁世凯在罪犯习艺所旁创设了游民习艺所，以收容无业游民为主。这是"游民习艺所"的石匾。

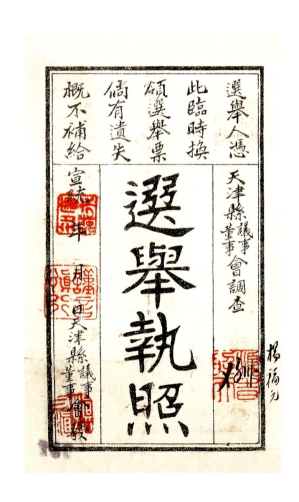

清末宣统年天津县选举执照

袁世凯结合"新政"进行了天津县议事会议员的选举。1907年6月16日，选举开始，这是全国第一次通过民众投票选举议员。经过初选、复选，8月18日，天津县议事会被选出，中国第一个通过协商和选举成立的代议机构由此产生。这是清末宣统年间（1909-1911年）天津县选举执照。

请愿代表留影

1910年11月4日，在立宪运动的推动下，清政府被迫宣布1913年召开国会。部分立宪派继续请愿，要求1912年召开国会。1911年1月，"通国学界同志会"会长温世霖（1870-1935年）在天津带领3000多学生向当局请愿，并通电各省，要求速开国会。图为温世霖（前排右三）与国会请愿代表合影。

廖仲恺

1906年，孙中山派遣廖仲恺（1877-1925年）自日本来到天津，组建同盟会天津组织，廖仲恺即为负责人。图为廖仲恺。

孙中山在天津

1912年1月1日，孙中山在南京就任中华民国临时大总统。同年8月，孙中山自上海乘船来到天津。1924年12月4日，孙中山在前往北京途中，再次来到天津。

袁世凯家信

袁世凯（1859－1916年），字慰亭，号容庵。河南项城人。北洋军阀首领。1895年，在天津小站训练新建陆军，后任直隶总督兼北洋通商大臣。1902年8月，代表清政府从都统衙门手中接管天津，遂在天津实施"新政"。1913年10月，当选民国正式大总统。1915年12月，复辟帝制。1916年3月，被迫宣布取消。袁世凯曾在天津工作、生活多年。这是袁世凯的亲笔家信。

1913 年袁世凯当选正式大总统证书

黎元洪纪念章

黎元洪（1864–1928年）字宋卿。湖北黄陂人。1888年春，毕业于天津水师学堂。1916年6月，任民国总统，1917年夏去职。1922年6月至1923年6月，再次出任总统。下野后，寓居天津租界，直到病逝。这是黎元洪当选总统时的纪念章。

冯国璋致袁世凯的信

　　冯国璋（1857－1919年），字华甫。河北河间人。1884年到驻守大沽口的淮军中当兵。1885年进入天津武备学堂。1896年被练兵小站的袁世凯委任为督练营务处总办，兼步兵学堂总监。1916年，冯国璋被选为副总统，1917年代理总统，1918年下野。这是冯国璋致袁世凯的书信。

徐世昌就任总统纪念章

　　徐世昌（1855－1939年），字卜五，号菊人。生于河南卫辉。1897年，由袁世凯保举，到小站任新建陆军参谋营务处总办。后曾出任军机大臣、巡警部尚书、东三省总督、邮传部尚书等职。1918年10月至1922年6月，当选民国大总统。下野后，隐居天津英租界，直到逝世。这是徐世昌就任总统时的纪念章

曹锟就任总统纪念章

曹锟（1862-1938年），字仲珊。天津人。21岁在小站入伍。后入天津武备学堂。民国后，任直隶省督军，成为直系军阀首领。1923年10月，以贿选当上大总统。1924年11月，被冯玉祥等人幽禁于北京中南海延庆楼，被迫宣布辞职。1927年回到天津，寓居租界，直到逝世。这是曹锟就任总统时的纪念章。

曹锟宪法

曹锟任总统时颁布的《中华民国宪法》，是中国第一部宪法。在制定1954年9月通过并公布的《中华人民共和国宪法》过程中，以毛泽东为主席的宪法起草委员会曾参考过这部宪法。

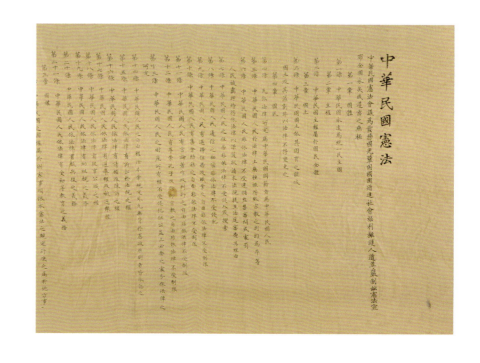

民國十三年十一月十七日於段邸

军阀合影

张作霖（1875-1928年），字雨亭，奉天海城（今属辽宁）人，奉系军阀首领。1924年11月17日，张作霖邀请冯玉祥等人在天津日租界段祺瑞家中会谈，决定拥段为"临时执政"，史称"天津会议"。图为与会者合影：梁鸿志、冯玉祥、张作霖、段祺瑞、卢永祥、杨宇霆、张树元（自左至右）及吴光信（站立者）。

末代皇帝溥仪在天津

溥仪（1906-1967年），清朝末代皇帝（1908-1912年在位）。1925年来到天津，寓居日租界。初居张园（今鞍山道59号），1929年迁至静园（今鞍山道70号），直至被日本劫往东北。图为溥仪（前排左）与妻子婉容（前排右）在天津与外国人合影。

段祺瑞签发的给曹锟的勋章执照

段祺瑞（1865-1936年），字芝泉。安徽合肥人，皖系军阀首领。1885年，入天津武备学堂。毕业后，赴德国学习炮兵。回国后，被袁世凯调至小站，任炮兵统带，兼炮兵学堂总监。1913、1916和1917年曾多次担任国务总理，一度执掌北京政府实权。1926年4月下野后寓居天津租界，1933年移居上海。这是段祺瑞签发的给曹锟的勋章执照。

唐绍仪

唐绍仪（1860-1938年），字少川。广东香山（今中山）人。留美幼童之一。1885年，任职于天津税务衙门，1895年在天津小站随袁世凯练兵，1902年任津海关道。1912年3月，为第一任国务总理。图为唐绍仪在天津留影。

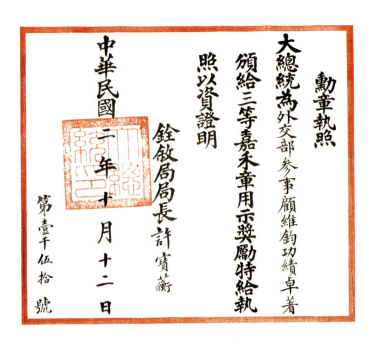

顾维钧获得嘉禾勋章的证书

　　顾维钧（1888-1985年），字少川。江苏嘉定人。曾任袁世凯的英文秘书。1919年出席巴黎和会。后任外交总长、财政总长，并曾任国务总理。这是顾维钧荣获嘉禾勋章的证书。

天津市政府外景

　　1912年，中国历史进入民国时期。天津府、道相继裁撤，地方行政机构是天津县。1913年后，天津为直隶省省会。1928年6月，天津被定为直属国民政府行政院管辖的特别市。与此同时，直隶省改为河北省，省会设在天津。

经济中心

北方最大的工商业和港口城市

　　洋务运动期间，天津在工业、交通运输等许多方面开创了中国现代化之路。此后，一些爱国企业家又在天津进行实业救国的探索，陆续兴建了一批工矿企业，逐步形成了纺织、化学和食品工业等支柱产业，并生产出一批享誉全国的名牌产品。与此同时，一批大型零售商场的落成标志着大都会式的商业中心全面形成，内、外贸易的持续发展使天津成为中国北方最大的商品集散地，现代金融业也得到蓬勃发展。经济的发展带动了城市建设，进一步丰富了城市的载体功能。到抗日战争前夕，天津发展成为中国北方的经济中心。

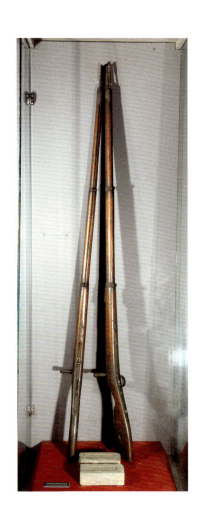

机器局制造的林明敦步枪

　　1866年，天津机器局开始兴建。1868年，位于海光寺的生产枪炮的西局首先投产。西局投产后，位于贾家沽的制造火药的东局也开始生产。天津机器局是我国北方最大的军火生产基地，也是世界上最大的火药制造厂之一。1900年，天津机器局被八国联军的炮火摧毁殆尽。这是天津机器局仿造的美国林明敦式后装枪。

大沽船坞水泵

　　1880年，李鸿章在大沽海神庙一带兴建北洋水师大沽船坞，承修舰船，兼营造船，雇用工人六百余名，是我国北方第一座近代化的船舶修造厂。这是大沽船坞制造的水泵。

1902年开平矿务有限公司发行的兑换券

　　1878年，开平矿务局在天津成立，开采唐山附近的煤。1881年投产，开启了中国近代能源工业的先河。1901年，矿务局改组为开平矿务有限公司。1912年，开平矿务局与滦州矿务局合并，组成开滦矿务局。这是1902年开平矿务有限公司发行的兑换券。

周学熙为创办华新公司给徐世昌的信

　　周学熙（1866-1947年），字缉之，别号止庵。安徽人。1902年，周学熙受袁世凯委派在天津主持北洋实业，总办北洋银元局，任直隶工艺总局督办，创办滦州煤矿公司、唐山启新洋灰公司、京师自来水公司、华新纺织公司和中国实业银行，与比利时商人合办秦皇岛耀华玻璃公司。曾任北洋政府财政总长。周学熙在实业界与江苏南通的张謇齐名，有"南张北周"之说。这是周学熙为创办华新公司给徐世昌的信。

1905 年北洋银元局的五十枚券

1902年底，周学熙在天津创办北洋银元局（厂址在河北区大悲院原址），后更名为户部造币北分厂、造币津厂，1910年停办。1912年，该厂恢复生产，并入天津造币总厂。这是1905年北洋银元局发行的五十枚券。

造币总厂生产的"袁大头"

1905年夏，户部天津银钱总厂建成开工，铸造各种金银铜币，后更名为天津造币总厂。天津遂成为全国造币中心。这是造币总厂生产的带有袁世凯头像的硬币，俗称"袁大头"。

启新洋灰公司办公楼

  1906年，唐山洋灰有限公司总经理处在天津成立。翌年更名为启新洋灰有限公司总经理处。该公司生产的水泥独占了半个中国。图为建于1913年的总经理处外景。

织布机

  纺织业是天津工业的支柱之一。以华新、裕元、恒源、北洋、裕大和宝成六大纱厂为骨干的棉纺织工业，其资本额占全国华商纱厂资本总额的30%，占天津工业资本总额的60%以上。1937年5月，日商上海裕丰纺绩株式会社天津工场第一厂又开工，是当时天津最大的纺织厂。这是该厂使用过的丰田织布机。

考勤机

　　1930年2月，天津宝成纱厂在中国第一个实行了八小时工作制。这是工矿企业使用的考勤机。

范旭东

　　范旭东（1883-1945年），原名源让，后改名锐，字旭东，湖南湘阴人。早年留学日本。1914年，开始创办久大精盐厂；1917年，又筹办永利碱厂；1922年，成立黄海化学工业研究社，开创中国近代化学的先河。1945年，在重庆病逝。毛泽东为他题写了挽词："工业先导 功在中华"。

颐中烟草公司饭票

　　1921年12月，英美烟草公司天津工厂（今天津卷烟厂前身）投产。后更名为颐中烟草股份有限公司。该厂厂房采用的无梁技术是当时世界上最先进的建筑技术之一。这是该公司使用过的饭票。

比商电车电灯公司的木工机械

　　1904年，天津比商电车电灯公司成立，经营电车客运。这是该公司修理厂使用过的木工机械。

轧花机

1860年前后，"秦记铁铺"在三条石地区"落户"，主要生产铸锅，它是三条石第一家铁业作坊。到20世纪上半叶，以铸铁、机器制造业为特征的三条石工业逐渐形成。这是三条石生产的轧花机。

津唐铁路通车

1881年6月9日，由开平矿务局的英国工程师金达（Claude William Kinder, 1852-1936年）负责修筑的唐山矿山至胥各庄的铁路落成，史称"唐胥铁路"。这是中国近代铁路运输系统中最先建成的一条。同时，被命名为"中国火箭"号（Rocket of China）的中国第一辆机车也投入使用。1887年，唐胥铁路延伸到芦台。1888年10月9日，天津至唐山铁路全线通车，天津成为中国第一个通火车的大城市。李鸿章曾自天津乘火车至唐山，考察铁路工程，图为李鸿章（中）在火车上留影。

机车模型

　　天津至唐山的铁路不断延伸，最后发展成京奉（今北京至沈阳）铁路。京奉铁路局也设在天津。1929年4月，京奉铁路改称北宁铁路。这是行驶在北宁铁路上的机车模型。

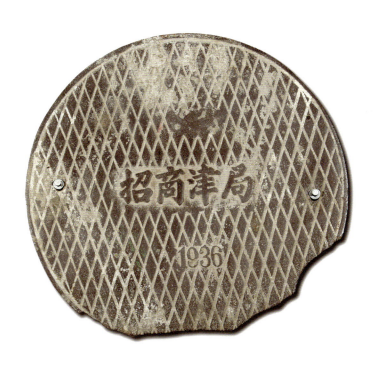

轮船招商局井盖

　　为打破外国人垄断中国海上运输的局面，1873年，李鸿章成立了轮船招商局，总局设于上海，天津设分局。这是天津轮船招商局使用过的排水井盖。

天津电报局职员在进行训练

　　1877年夏，由天津机器局东局到直隶总督署的电报线架设成功，这是中国首次自行架设电报线。1880年，李鸿章奏请在天津设立电报总局。翌年，随着津沪电报线的架通，电报总局在城内东门里建成。1884年，电报总局迁往上海，改称中国电报总局。图为天津电报局职员在进行训练。

1901 年美国芝加哥生产的电话

　　1879年，美国人贝尔（Alexander Graham Bell，1847-1922年）发明电话后的第三年，轮船招商局在天津大沽码头与紫竹林货栈之间架设了中国第一条电话线。这是1901年美国芝加哥生产的电话机。

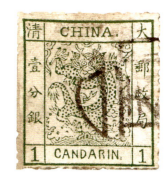

大龙邮票

　　1878年3月，津海关书信馆对公众开放；7月，津海关书信馆发行了中国第一套邮票——大龙邮票，中国近代邮政事业在天津诞生。

汇丰银行天津分行

　　1881年（一说1882年），天津第一家外资银行——英商汇丰银行（Hongkong & Shanghai Banking Corp.）天津分行正式营业，行址在天津海关对面。1925年，汇丰银行在英租界维多利亚道（今解放北路86号）建成新的办公楼。汇丰银行资本额一直处于天津外资银行之首。

麦加利银行在天津发行的货币

1895年，麦加利银行（又称渣打银行，The Chartered Bank of India, Australia & China）在天津设立分行。这是麦加利银行发行的货币。

花旗银行在天津发行的货币

1916年，美商花旗银行（International Banking Corporation）在天津设立分行。1921年，迁入新址（今解放北路90号）。花旗银行是美国在津实力最强的银行。这是花旗银行发行的货币。

户部银行在天津发行的货币

1905年，中国清朝政府的中央银行——户部银行（1908年改为大清银行）在天津设立分行。这是1906年户部银行发行的货币。

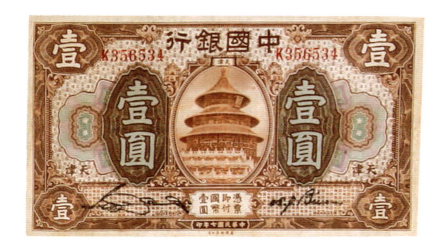

1918 年中国银行发行的货币

1912年，中国银行天津分行成立。这是1918年中国银行发行的货币。

东方汇理银行帐房木牌

1907年，法商东方汇理银行（Banque de l'Indo-Chine）在天津法租界中街（今解放北路77号）设立分行。这是东方汇理银行的账房木牌。

交通银行定期存单

1908年，交通银行在天津设立分行。这是1944年交通银行的定期存单。

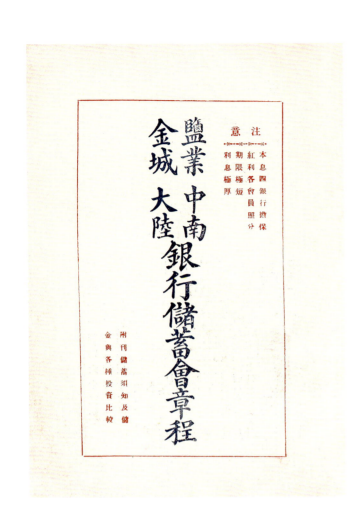

"北四行"储蓄会章程

1915年3月，盐业银行成立，总行初设在北京，1928年8月迁至天津，1934年6月又移至上海。盐业银行与金城、大陆、中南银行被称为"北四行"。这是北四行储蓄会章程。

金城银行天津分行的活期存折

1917年5月，金城银行成立，总行设在天津。1936年1月迁至上海。金城银行是"北四行"的主要支柱。这是金城银行天津分行的活期存折。

大陆银行定期存单

　　1919年，大陆银行开业，总行设在天津。1943年2月迁至上海。这是1944年大陆银行的定期存单。

中央银行开业

　　据不完全统计，近代天津曾设有中外银行189家。图为1931年4月成立并开业的中央银行天津分行。

六国饭店股票

早在19世纪70年代末，天津就出现了发行股票的股份制企业。到20世纪30年代，先后有13家企业的股票上市。这是天津六国大饭店公司的股票。

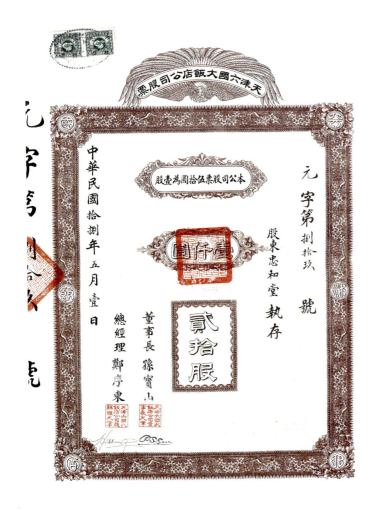

天津华北制革股份有限公司股票

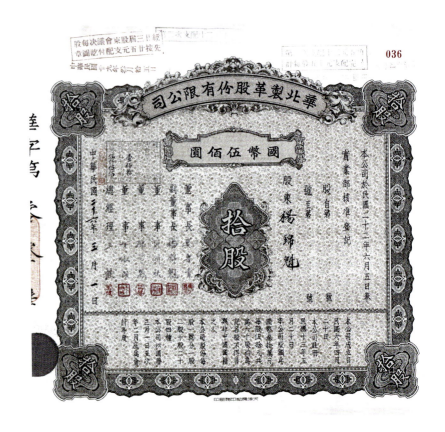

036

缆桩

    随着租界的建立与拓展，到20世纪初，各国租界占据了长达15公里的海河沿线，一些外国公司在此修筑了规模较大的码头，奠定了近代天津港区的基本轮廓。1905年，由国外直接进口的贸易首次超过转口贸易，天津港开始成为国际港口。这是英租界码头使用过的缆桩。

用于港口装卸的小推车

    天津港主要进口商品为棉织品、煤油、粮食等，出口商品为棉花、畜产品等。这是用于港口装卸的小推车。

海河上的棉花船

20世纪二三十年代，天津港腹地发展到鼎盛时期，范围大致包括：北京、河北、山西、甘肃、青海、宁夏的全部，以及山东、河南、陕西、新疆和东三省的部分地区，总面积达200多万平方公里，占全国国土面积的四分之一以上，涉及一亿多人口。图为海河上的运棉船。

怡和洋行码头

洋行是外国商人在中国经营的商业机构，其主要经济活动是将中国的农副土特产品运销国外，再将国外的工业产品运销中国。截止1936年，天津共有外国洋行982家。1867年，英商怡和洋行（Jardine，Matheson & Co.,Ld.）天津分行成立。它是天津早期四大洋行之一，也是天津最大的外国洋行。图为怡和洋行天津分行仓库和码头。

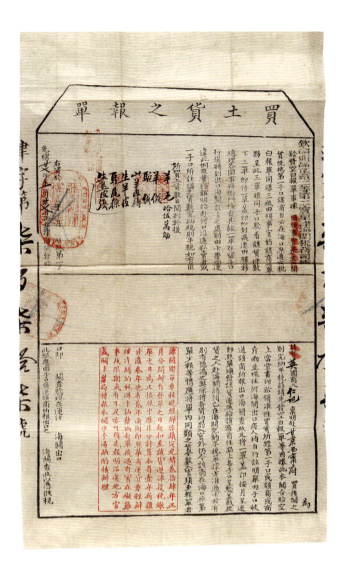

津海关税务司发给仁记洋行的土货购买报单

1864年，英商仁记洋行（William Forbes & Co., Ld.）在天津设立分行。仁记洋行是天津早期四大洋行之一。这是津海关税务司发给仁记洋行的购买中国土特产的报单。

太古洋行职员证章

1881年，英商太古洋行（Butterfield & Swire Co.,Ld.）在天津设立分行，是天津早期四大洋行之一。这是天津太古洋行的职员证章。

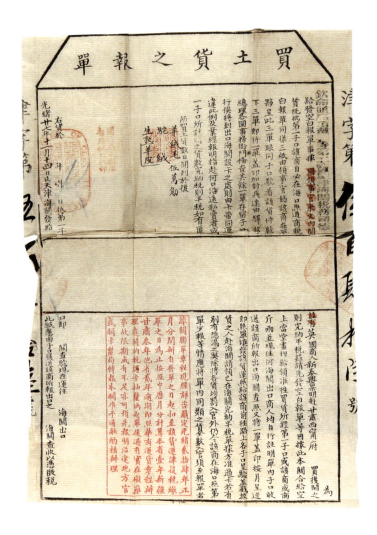

津海关税务司给新泰兴洋行购买土产的报单

英商新泰兴洋行（Wilson & Co.,Ld.）是天津早期四大洋行之一。这是津海关税务司发给新泰兴洋行购买中国土特产的报单。

英商隆茂洋行打包机使用的电动机

德国美最时洋行（Melchers & Co.）出售的煤油灯

慎昌洋行铜牌

美商慎昌洋行（Andersen，Meyer & Co.,Ld.）天津分行主要经销美国通用电器公司的产品。这是天津慎昌洋行的铜牌。

德士古石油公司更表

　　1919年，美商德士古石油公司（Texaco）天津分公司成立。营业范围主要在华北地区，包括河北、山西、察哈尔、绥远、热河及山东北部、河南北部。主要业务是批发煤油和机器油、汽油。这是德士古石油公司的更表。

东马路

　　民国初年，天津商业中心大体在旧城厢的北部和东部，主要有北门里、外大街与河北大街、估衣街、锅店街、侯家后大街、洋货街、竹竿巷、针市街以及宫南、宫北大街。20世纪20年代后，商业中心沿着东马路转移到日租界旭街、法租界劝业场和英租界小白楼一带。图为商店鳞次栉比的东马路。

天津总商会商人证章

　　1903年5月，天津商务公所在北马路万寿宫开办。1904年，改为商务总会。1918年，更名为天津总商会。这是天津总商会商人证章。

劝业场一带

　　20世纪20年代中期开始，法租界梨栈地区（今劝业场一带）迅速繁荣。据1943年统计，法租界拥有执照的商店达4000余家。今劝业场、天祥和泰康商场就有商店600余家。除商场、商店外，劝业场一带开业的影剧院、饭馆、舞厅近60家。

利顺德饭店餐具

　　1863年，天津利顺德饭店（The Astor House Hotel）建成。后多次重建、扩建。这是利顺德饭店的餐具。（利顺德饭店建筑现为全国重点文物保护单位）

天津城乡图

　　1840年，天津建成区面积约9.4平方公里，1949年达到50.3平方公里，形成里巷3823条。这是1897年刘瑞卿绘制的天津城乡图。

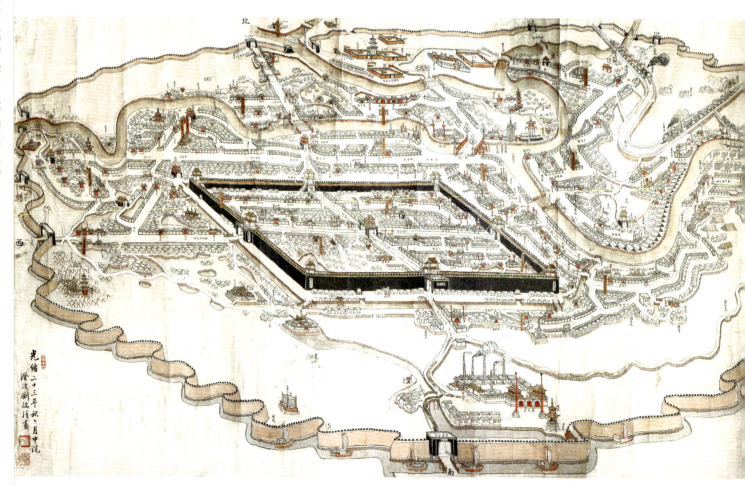

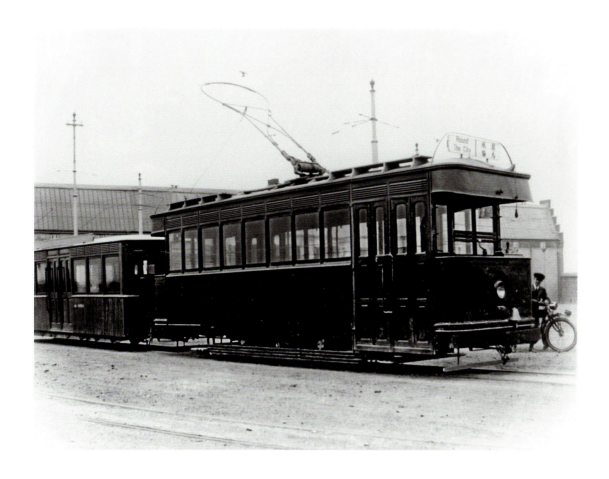

有轨电车

1906年2月16日，比商电车电灯公司在天津建成了中国大陆第一条有轨电车。

英租界排水井盖

20世纪20年代，英、法、日租界开始铺设地下排水管道。这是英租界海大道维多利亚公园附近的排水井盖。

法国马赛某工厂制造的瓦

　　租界房屋的许多建筑材料来自
国外。这是英国平和洋行建筑使用
的瓦，它由法国马赛的一家工厂生
产，上面的法文清晰可见。

金华桥开桥情形

　　1888年，天津架设了第一座开启式桥梁——金华桥。图为金华桥开桥情形。

中西交汇

城市文化与社会变迁

　　从洋务运动开始，天津的近代教育就走在全国前列。进入 20 世纪，一批以教育、科学救国为己任的有识之士又在天津辛勤耕耘，创办了诸多享誉全国的教育、文化、科研机构。同时，西方美术、音乐、戏剧、电影等艺术形式与以京剧、评剧和曲艺为代表的中国传统表演艺术也在海河之畔交汇升华。近代文明的传入使天津的社会生活逐渐发生变化，人们的衣食住行、休闲娱乐等生活方式开始出现以商业化、城市化、社会化和快节奏为特征的变迁，公共生活领域日益扩大，社会阶层更加复杂。

梁启超反对袁世凯称帝函

梁启超（1873-1929年），字卓如，号任公，广东新会人。"戊戌变法"运动的主要人物之一，学贯中西的思想家，学术大师。1915年后，定居天津。在津期间，梁启超策划了反袁护国运动，埋葬了袁世凯的独裁统治；1920年以后，致力于学术研究，留下1400余万字的学术巨著《饮冰室合集》。这是梁启超劝阻袁世凯称帝的信函。

绘画：李叔同绘画

李叔同（1880-1942年），名文涛，别号息霜。生于天津。中国近代传播西方文化艺术的先驱和佛教律宗大师。1898年迁居上海。1905年，赴日本学习美术、音乐，组织最早的话剧团体"春柳社"，演出《茶花女》等西方名剧，是中国最早的话剧演员之一。1911年回国后任天津直隶高等工业学堂图案教员。后再次南下。1918年出家，法号弘一。这是李叔同留学日本期间绘制的明信片。

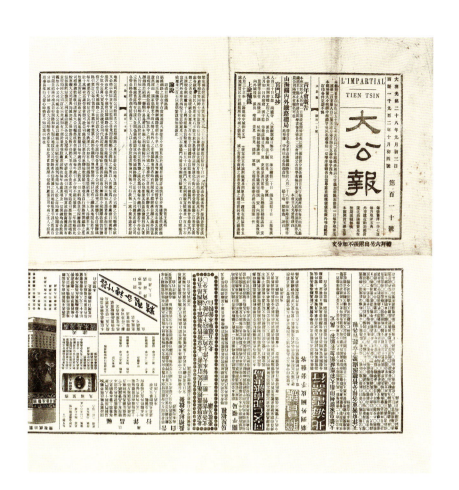

1902 年的《大公报》

　　1902年6月，英华（1867-1926年）在天津创办《大公报》，宣传新思想，支持反帝爱国运动，是中国近代有广泛影响的民营报纸，也是中国目前发行历史最长的报纸。这是创刊不久的《大公报》。

印刷机

　　20世纪前后，天津报业除中、英文报纸外，尚有法、德、俄、日文报纸一二十种。到20世纪30年代，天津有各类报纸三十余家，总发行量29万份，其中10万份以上发往外地，本市发行18.7万份，发行量在万份以上的报纸有7种。这是印刷报纸的机器。

武备学堂外景

　　1885年，李鸿章创办北洋武备学堂（也称天津武备学堂），它是中国第一所陆军学校，冯国璋、曹锟、段祺瑞等都出自这所学校。图为北洋武备学堂外景。

北洋医学堂

　　清廷决定召回留美学生后，在津的英国传教士、医生马根济（John Kenneth Mackenzie，1850-1888年）便向李鸿章提议建立医学校，培训归国学生。1881年12月15日，总督医院附属医学堂（Viceroy's Hospital Medical School）开学。在此基础上，1894年6月，李鸿章奏请设立了北洋医学堂。北洋医学堂是我国自办的第一所西医学校。图为北洋医学堂师生合影。

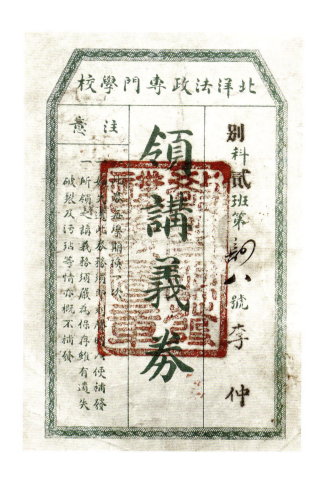

北洋法政专门学校领讲义券

1907年8月开学的北洋法政专门学堂是中国第一所法政专门校，1911年改称北洋法政专门学校，1914年改称直隶公立法政专门学校。李大钊是这所学校的第一期毕业生。这是北洋法政专门学校的领讲义券。

北洋大学校徽

1895年10月2日，光绪皇帝批准直隶总督兼北洋大臣王文韶的《津海关道盛宣怀创办西学学堂禀明立案由》奏折，北洋西学学堂正式成立。翌年更名为北洋大学堂。学校初设工程、电学、矿务、机器和律例五个专业。校址位于梁家园博文书院旧址（今解放南园）。1912年更名为"北洋大学校"，转年改名为国立北洋大学。它是中国第一所大学。这是北洋大学校徽。

南开大学第一批学生

1919年9月，严修、张伯苓创办南开大学，设文、理、商三科。校址初设于南开中学内。1923年8月，迁至八里台。抗日战争期间，迁往昆明，与北京大学、清华大学组成西南联合大学。1945年，回津复校。图为南开大学第一批学生合影留念。（后排左起第1人为中华人民共和国第一任总理周恩来）

梅贻琦为推荐他人给严智开的信函

梅贻琦（1889-1962年），字月涵，生于天津。1909年考取首批赴美留学生。1914年毕业于吴士脱理工学院电机系。1915年到清华学校任教。1931年10月至1948年12月任清华大学校长。这是梅贻琦为推荐他人给曾任国立北平艺术专科学校（今中央美术学院前身）校长严智开的信函。

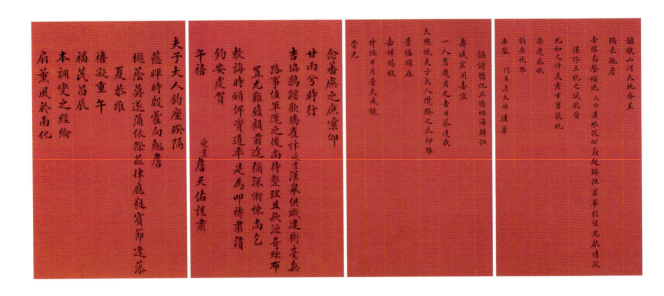

詹天佑给徐世昌的信

詹天佑（1861-1919年），字眷诚。广东南海人。铁路工程专家。1872年留学美国，是留美幼童之一。1881年毕业于美国耶鲁大学土木工程专业。1887年，应聘在天津的中国铁路公司任工程师，负责天津到塘沽段的铺轨任务，从此开始献身中国铁路事业。1888年，参加修筑天津至唐山铁路。1905年，主持修筑了我国第一条自行设计的铁路——京张铁路。这是詹天佑给徐世昌的信。

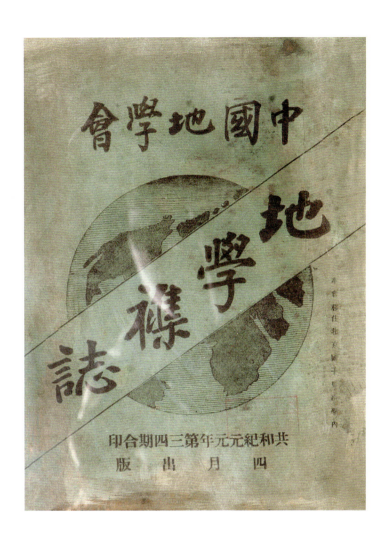

《地学杂志》

1909年9月，中国近代第一个科学技术团体——中国地学会在天津第一蒙养院成立，张相文为会长。1910年，地学会创办了《地学杂志》，它是中国最早出版的科学期刊。

姜立夫

姜立夫（1890－1978年），浙江平阳人，数学家。1919年获美国哈佛大学博士学位。1920年创办南开大学数学系，并任教授，是我国现代数学的奠基人之一。

饶毓泰

饶毓泰（1891－1968年），江西临川人，物理学家。1922年，获美国普林斯顿大学博士学位。同年回国，创建南开大学物理学系，担任教授、系主任，是我国现代物理学的奠基人之一。

杨石先

杨石先（1897-1985年），蒙古族。浙江杭州人，化学家。1922年，获美国康奈尔大学硕士学位，次年回国任南开大学教授。1931年，获美国耶鲁大学化学博士学位。同年，回国参建南开大学化学系，后任南开大学校长。

侯德榜

侯德榜（1890-1974年），福建闽侯人，化学工程专家。1913年，进入美国麻省理工学院，学习化工专业。1921年，获美国哥伦比亚大学博士学位。1922年春，到永利制碱公司，任工程师。1927年，任永利公司碱厂厂长兼总工程师。1941年发明"侯氏碱法"。1943年，荣膺英国皇家学会化工学会名誉会员。

茅以升

茅以升（1896-1989年），江苏镇江人，桥梁工程专家。1919年，获美国卡内基理工学院博士学位。1928年12月，任北洋工学院院长。1946年，任北洋大学校长。

陶孟和

　　陶孟和（1887－1960年），原名履恭，字以行。生于天津。社会学家。1906年南开学校毕业后，赴日本入东京高等师范学校。1909年赴英国伦敦大学学习社会学。编著有《中国乡村生活和城镇生活》、《中国社会之研究》、《中国劳工生活程度》等。

南开大学经济研究所

　　1927年9月，南开大学经济研究所成立，初名南开社会经济研究委员会，由何廉（1895－1975年）创办并主持。1935年，开始招收硕士学位研究生。南开经济研究所被公认为研究中国经济问题的权威机构。图为何廉在经济研究所办公室内留影。

赵元任

　　赵元任（1892-1982年），生于天津。语言学家。早年在美国康奈尔大学、哈佛大学学习。回国后任职于清华大学和中央研究院历史语言研究所。1939年再次赴美，先后任教于夏威夷大学、耶鲁大学、哈佛大学、密歇安大学和加州大学伯克利分校。曾创作歌曲《教我如何不想她》。

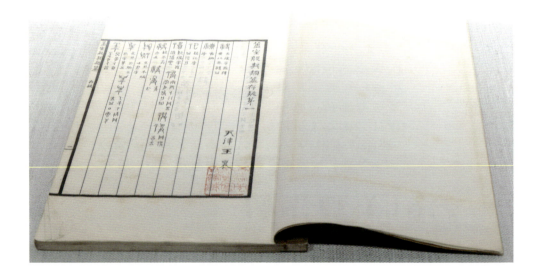

《簠室殷契类纂》

　　王襄（1876-1965年），字纶阁，号簠室。天津人。1899年秋，王襄与孟广慧在天津发现了甲骨文。他是我国最早鉴识、收藏和研究商代甲骨的学者之一。1920年，王襄完成《簠室殷契类纂》，释字873个，1929年增订再版时，释字957个。它是我国第一部甲骨文字典。

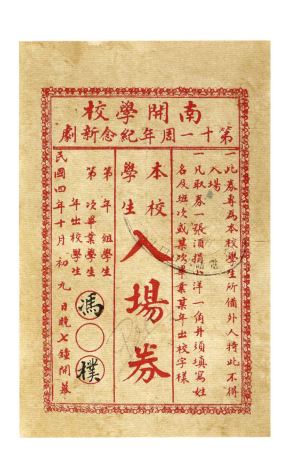

南开学校话剧入场券

1909年，南开学校校长张伯苓自编、自导、自演了天津舞台上第一出话剧《用非所学》。从1916年开始，张彭春在南开中学把一批世界名剧搬上舞台。这是1915年南开学校演出话剧的入场券。

曹禺

曹禺（1910-1996年），原名万家宝。生于天津。剧作家、戏剧教育家。1922年入南开中学，成为南开新剧团骨干。1928年入南开大学政治学系，后转清华大学西洋文学系。曾任教于天津河北女子师范学校。1933年完成处女作《雷雨》。1935年完成以天津惠中饭店为背景的剧本《日出》。这两部作品奠定了他在中国话剧史上的地位。

孙菊仙

孙菊仙（1841–1931年），名濂，号宝臣。天津人。京剧演员，工老生。十几岁时在南门东竹记票房学唱皮黄（即京剧）。后在北京拜师程长庚，成为专业演员，能演戏百余出。天津人称之为"老乡亲"。孙菊仙与谭鑫培、汪桂芬齐名，并称"老生新三杰"。

梅兰芳在天津广播电台演唱后留影

著名京剧表演艺术家梅兰芳（前排左二）在天津广播电台演唱后留影。

刘宝全

刘宝全（1869-1942年），生于北京。京韵大鼓艺人。幼年习弹三弦。后到天津卖艺，15岁学习说唱表演。19岁时在天津正式拜师，说唱木板大鼓。曾长期在津演出，有"鼓王"之誉。

相声演员侯一尘、张寿臣、常连安合影

相声演员侯一尘、张寿臣、常连安合影（自左至右）。

权仙影院

1906年12月8日，法租界权仙茶园（今滨江道与吉林路交口处）开始连续放映美国电影，一个月后，更名为"权仙电戏园"，这是第一家中国人自办的电影院。图为后来兴建的上权仙影院外景。

沈浮

沈浮（1905-1994年），天津人。电影导演。1925年进入天津北方影片公司。后与人创办了天津渤海影片公司，拍摄了天津第一部电影《大皮包》，成为天津电影事业的开拓者。曾编导《万家灯火》、《希望在人间》等。

石挥

石挥（1915-1957年），原名石毓涛，天津人。电影演员、导演。1941年起投身电影界，曾演出《夜店》等影片，导演《我这一辈子》等。

赫德乐队

约在1885年，时任中国海关总税务司的赫德（Sir Robert Hart 1835-1911年）在天津组织成立了一支由华人担任乐手的西洋乐队，它是中国最早的西洋乐队之一。图为赫德（左一）与乐队。

裕容龄

裕容龄（一说裕荣龄，1882-1973年），生于天津。女舞蹈家。将芭蕾舞和现代舞引入中国。曾师从美国现代舞蹈家邓肯（Isadora Duncan, 1877-1927年），还进入法国巴黎音乐舞蹈学院学习，并在巴黎主演《玫瑰与蝴蝶》和《希腊舞》。图为裕容龄在表演。

傅增湘给徐世昌谈论书籍刊刻的信札

傅增湘（1872-1949年），字沅叔，四川江安人。藏书家、版本目录学家。1909年任直隶提学使，广搜新旧典籍，充实设于天津的直隶图书馆，奠定了该馆古籍线装书基础。后曾任民国政府教育总长等职。这是傅增湘给徐世昌谈论书籍刊刻的信札。

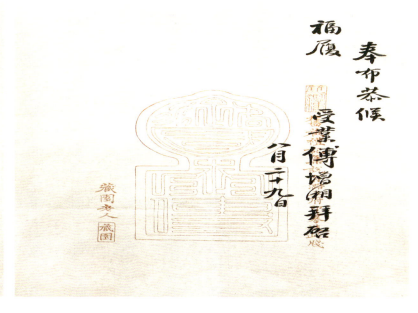

（天津博物院成立展览大会广告，见上方影印件）

天津博物院成立展览大会广告

1918年6月1日，天津博物院成立。馆址初在河北公园学会处（今中山公园），后迁至总站（今北站）附近。这是天津博物院成立时的展览大会广告。

北疆博物院的用具

1914年3月，法国传教士、古生物地质学博士黎桑（Emile Licent，1876－1952年，中文名桑志华）来到天津。1928年5月，他筹备的北疆博物院（Le Musée Haong ho Pai ho de Tientsin）对外开放。桑志华等人首次在中国发现了旧石器时代的遗存物，并进行了最早的科学发掘，出土了中国第一件有可靠地点和地层记录的人类化石。这是北疆博物院使用过的钟表。

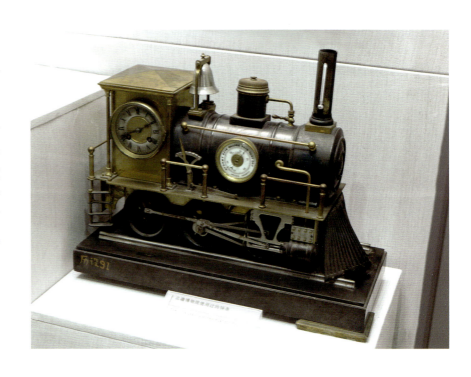

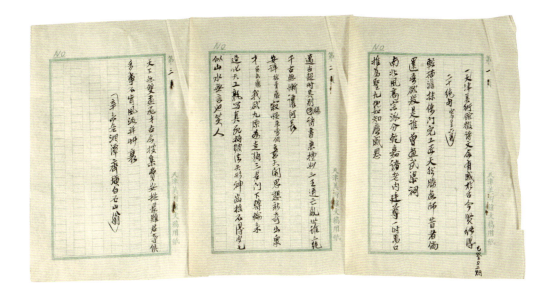

齐白石为天津美术馆创作的诗歌

1930年10月，天津美术馆建成，馆址在河北公园（今中山公园）内。这是著名画家齐白石（1863–1957年）为天津美术馆创作的诗歌。

董守义与南开五虎篮球队

1895年篮球运动传入天津，北洋医学堂曾举行篮球比赛（时称"筐球游戏"），天津由此成为中国最早开展篮球运动的城市。董守义（1895–1978年）在天津倡导篮球运动，并培养出名震一时的南开中学篮球队——"南开五虎"。1947年他被选为国际奥林匹克委员会委员。他倡议开展篮球运动，图为董守义与篮球队员合影。

奥运冠军英国人利迪尔在比赛中

　　利迪尔（Eric Henry Liddell，1902-1945年）英国人，中文名字李爱锐。生于天津，1907年回国。1924年在法国巴黎举办的第八届奥运会上，获得男子400米跑冠军，并打破世界纪录。1925年夏回到天津，在新学书院任教。图为利迪尔在比赛中。

霍元甲

　　霍元甲（1869-1909年），天津人，武术世家。后到上海创办精武体育会，将中国武术与西方体育融为一体。

天津马大夫医院就诊牌

1880年12月2日，施医院正式开业。李鸿章主持开幕仪式，并致辞。1861年，驻津英军开办随军医院，为驻军和侨民服务。1868年，英军医院移交给基督教伦敦会，改称施诊所。1880年，英国传教士兼医生马根济（John Kenneth Mackenzie, 1850-1888年）在李鸿章的帮助下将其扩建为"施医院"。1924年，该院重建，被命名为"马根济纪念医院"（Mackenzie Memorial Hospital），俗称马大夫医院。这是马大夫医院的就诊牌。

北洋女医院、金韵梅

1902年，全国最早的女医院之一北洋女医院在天津建立。1885年毕业于美国纽约女子医科大学的中国第一位女留学生金韵梅（1864-1934年，亦称金雅梅）任院长。1908年，北洋女医院附设北洋女医学堂，设助产、护士两班，它是中国第一所公办护士学校。图为金韵梅与北洋女医院。

伍连德

　　伍连德（1879–1960年），祖籍广东。生于马来西亚槟榔屿。中国第一代公共卫生学家，检疫、防疫的先驱。1905年获剑桥大学医学博士学位。1908年任天津北洋陆军军医学堂会办。1910年东北鼠疫大流行，任全权总医官，迅速扑灭鼠疫。

起士林西餐馆

　　作为近代通商口岸，西式食品较早传入天津。1860年法国人曾在天津酿造葡萄酒。天津最著名的西餐馆是德国厨师起士林（Albert Kissling）建于1907年的起士林餐厅，初设于法租界，后迁至德租界威廉街（今解放南路北京影院对过）。图为位于德租界的起士林西餐厅。

花园洋房

近代天津的住宅建筑最有特色的是社会名流居住的花园洋房。

汽车

1903年，天津开始出现汽车，此后逐渐增加。这是直隶总督乘用的汽车。

人力车

1877年，人力车从日本传入中国上海，中国人称"东洋车"。1882年前后，天津从上海购进人力车，20世纪初成为市区主要交通工具。

自行车

清代末年至民国初年，自行车传入天津，时称脚踏车。最初多为商号自用，街上也有供出租的自行车行。后来家用自行车不断增多。图为李公祠假山下的骑车少年。

集体婚礼

民国以后，新式婚礼开始传入天津，主要包括在报纸刊登定婚启事，利用饭店或礼堂举行婚礼。新娘着婚纱，新郎穿燕尾服，在主婚人主持下，向父母、亲友行礼，最后互换戒指。1935年6月，天津市还举行了集体婚礼，市长商震等充当证婚人。

黎元洪葬礼

1928年6月，黎元洪去世，以汽车为灵车，这是天津华人第一次使用灵车。

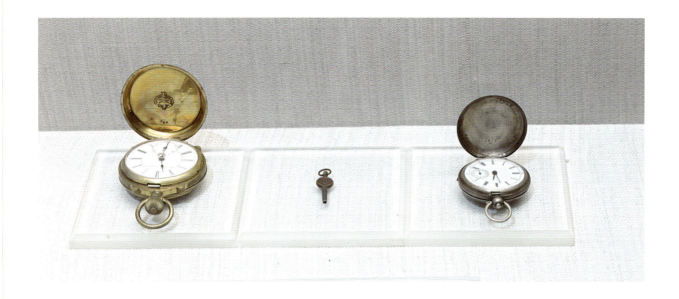

怀表

　　以钟表计时法为基础的作息定时制度是在近代传入天津的。它的普及改变了人们的工作和生活节奏。怀表可以使人们随时随地知道准确时间，对于作息定时具有重要意义。

照相机

　　1858年夏，英国外交官罗伯特·马礼逊（Robert Morrison，1825-1911年）在天津拍摄了一组照片。19世纪70年代，广东人梁时泰开始在天津经营照相馆。这是一架老式照相机。

滚筒留声机

1877年，美国发明家、企业家爱迪生（Thomas Alva Edison, 1847–1931年）发明了留声机。这是第一代的滚筒式留声机。

跑马场

这是从1886年开始就进行跑马比赛的天津英租界跑马场。

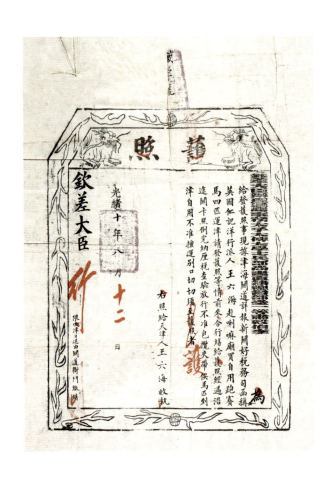

英商仁记洋行前往西北购置赛马的护照

1884年英商仁记洋行前往西北购置赛马的护照。

法租界公园

　　天津开埠后，西方人带来了七日一休息的制度。1884年出版的《津门杂记》记述了在津西方人礼拜日休息情形：“是日也、工歇艺事，商停贸易，西人或赴堂礼拜、或携眷闲游。”直到1902年，星期休息才作为制度从学校开始。图为法租界公园内的西方人。

吕碧城

　　近代天津的妇女解放思潮发端于清末。吕碧城（1883–1943年）是当时在天津倡导妇女解放的主要人物，1904年5、6月间，吕碧城在《大公报》上发表了一系列有关女权、女学的文章。她曾任北洋女子公学总教习、北洋女子师范学堂监督等职。图为吕碧城。

女星补习学校

　　1923年4月，邓颖超、李峙山、谌小岑等发起组织的女星社成立，它是从事妇女解放运动的团体。社址初在大经路（今河北区中山路）五昌里，稍后迁至达仁里10号。图为1923年女星社组织的女星第一补习学校开学典礼（前排右三为邓颖超）。

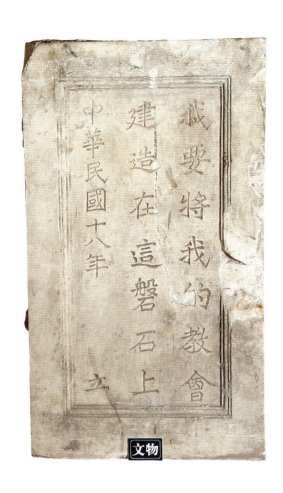

戒要将我的教會
建造在這磐石上

中華民國十八年

五

文物

教会建筑奠基石

天主教是最早渗入天津的西方宗教。天津开埠后，基督教等也传入天津。这是1929年基督教卫理公会（美以美会）建设宗教建筑的奠基石。

犹太教堂

流亡天津的犹太人主要来自俄国，其次为波兰和德国，1935年达到3500余人，天津成为犹太人在中国的三大聚居地之一。图为1948天津犹太人获悉以色列建国的消息后，在犹太教堂旁集会。

第 七 部 分

奔向光明

中国共产党领导的新民主主义革命实践

历史发展充分证明，不触动封建根基的自强运动和改良主义，旧式的农民战争，资产阶级革命派领导的革命，照搬西方资本主义的种种方案，都不能完成反帝反封建的历史使命。1921 年诞生的中国共产党，是中国人民在救亡图存斗争中顽强求索的必然产物，从此中国革命有了正确前进方向，中国人民有了强大精神力量，中国命运有了光明发展前景。中国共产党在包括天津在内的全国城乡开始了新的探索征程，并最终形成了马克思主义与中国革命实际相结合的毛泽东思想，取得了新民主主义革命的伟大胜利。在这一历程中，中国最早的马克思主义者、中国共产党创始人之一的李大钊直接指导了中共天津地方执行委员会的成立。大革命失败后，中共顺直省委、北方局等先后在天津成立，许多著名共产党人如周恩来、刘少奇、陈潭秋、彭真等都曾战斗在天津。在波澜壮阔的人民解放战争中，"天津方式"又成为解放战争的主要形式。中国共产党在天津的革命斗争为解放全国积累了丰富经验，做出了不可磨灭的贡献。

天津五四游行

以巴黎和会中国外交失败为导火线，1919年5月4日，北京学生举行反帝爱国游行。5月5日，天津《益世报》、《大公报》对五四运动的爆发作了比较详细的报道。5月6日，天津学生近千人，齐集北洋大学礼堂，愤怒声讨日本帝国主义的侵略野心。图为五四运动中天津学生示威游行队伍。

天津学生谌志笃血书

1919年5月14日，天津中等以上13所学校的代表聚会直隶水产学校，正式成立天津学生联合会，高等工业学校的学生谌志笃被选为会长。这是谌志笃表示誓死爱国的血书。

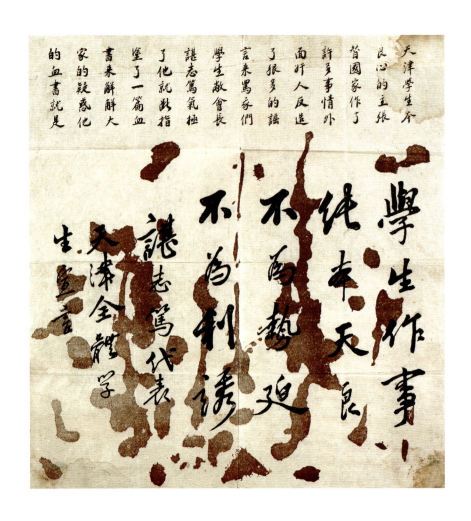

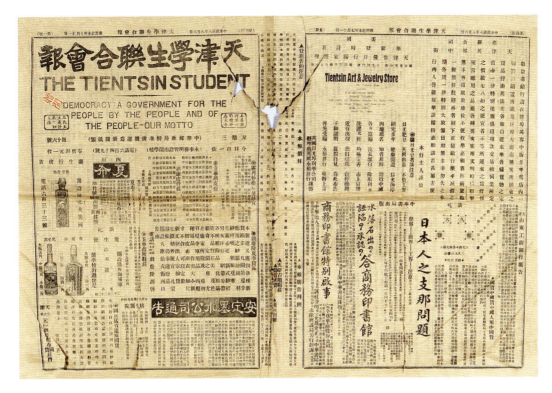

《天津学生联合会报》

1919年7月21日，周恩来主编的《天津学生联合会报》正式创刊。它的出版，对反帝爱国运动的坚持和发展，对提高广大学生和各界群众的觉悟，是一个强有力的推动。

李大钊在觉悟社座谈

1919年9月16日，由天津学生联合会和女界爱国同志会骨干组成的革命青年团体——觉悟社成立。觉悟社成立后，很快成为天津学生爱国运动的中坚力量。9月21日，中国最早的马克思主义者李大钊到天津讲演，会后到觉悟社与社员们座谈。他说："觉悟社是男女平等、社交公开的先行"。他勉励觉悟社成员要注意研究世界革命新思潮，好好阅读《新青年》等刊物上发表的进步文章，为改造中国而奋斗。

张太雷

张太雷（1898-1927年），江苏常州人。1915年入天津北洋大学学习。1919年在天津参加五四运动。1920年参加北京共产党早期组织。同年组织天津社会主义青年团。1927年在八七会议上当选为临时中央政治局候补委员。

于方舟使用过的烟碟、壶、茶盘、筷子

于方舟（1900-1928年），天津宁河人。1917年在天津直隶省立第一中学读书。五四运动中曾任天津学生联合会委员、各界联合会学生代表，发起成立新生社。1923年加入中国共产党。曾任中共天津地方执行委员会委员长。这是于方舟使用过的物品。

天津建党旧址

　　1924年9月，天津全体共产党员在法租界24号（今和平区长春道）普爱里34号（已拆除）举行中共天津地方执行委员会成立大会，于方舟当选为委员长。中共天津地委的成立使天津人民的革命斗争从此有了更加有力的领导核心。图为成立大会会议室。

顺直省委旧址

　　大革命失败后，白色恐怖笼罩全国。为恢复党在北方的领导中心，1927年5月19日，中共中央常务委员会决定建立顺直省委，机关设在天津。同年8月1日，中共顺直省委成立。顺直省委管辖范围包括北京、天津、河北、山西、察哈尔、热河、绥远、陕北、豫北。图为顺直省委旧址（原和平区耀华里，已拆除）。

蔡和森

蔡和森（1895-1931年），湖南湘乡人。1921年加入中国共产党。1927年八七会议后到天津协助建立中共中央北方局领导机关，任北方局常委、秘书长。后任中央驻北方巡视员，指导中共顺直省委工作。1928年1月主持召开顺直省委会议，改组省委。

陈潭秋

陈潭秋（1896-1943年），湖北黄冈人。1921年7月出席中国共产党第一次全国代表大会。1928年6月，陈潭秋以中共中央特派员身份到天津等地参加整顿北方党组织的工作。同年12月，任顺直省委宣传部部长。

周恩来

1928年12月11日，为贯彻中共六大精神和党中央关于解决顺直问题的决议，中共中央政治局常委、中央组织部部长周恩来（1898-1976年）受党中央委托来到天津。抵达天津的当晚，周恩来会见了陈潭秋、刘少奇等人，听取了他们的工作汇报。13日，主持召开了省委常委会议。1928年12月底，中共顺直省委扩大会议在天津法租界大吉里31号（和平区大吉里31号，已拆除）召开。参加会议的代表共43名。会议由陈潭秋、刘少奇轮流主持，周恩来代表党中央在会上作了题为《当前形势和北方党的任务》的政治报告，传达了六大精神，阐明了党在国民党统治区的主要任务是积蓄力量，以待时机，争取群众，开展斗争，迎接革命新高潮。

彭真

　　彭真（1902-1997年），原名傅懋恭，亦称傅茂公，山西曲沃人。1923年加入中国共产党。1926年5月奉派到天津工作。曾任中共顺直省委组织部部长，中共天津市委书记等职。1929年6月被捕。1935年出狱后参加领导了一二九前后天津的抗日救亡运动。

刘少奇

　　刘少奇（1898-1969年），湖南宁乡人。1921年加入中国共产党。1928年6月，以中共中央特派员身份到天津等地参加北方党组织的工作，任顺直省委常委。后离开天津。1936年2月，任中央代表再次来到天津指导中共中央北方局的工作，4月任北方局书记。

吉鸿昌用过的东西

吉鸿昌（1895-1934年），河南扶沟人。曾任国民党第十军军长、宁夏省政府主席。1932年，加入中国共产党。1934年，吉鸿昌在天津参与组织中国人民反法西斯大同盟。同年11月9日，吉鸿昌在国民饭店被国民党特务刺伤后被捕。24日，在北平（今北京）英勇就义。这是吉鸿昌生前使用过的物品。

中共点线委旧址

1938年9月，中央决定在天津建立中共平津唐点线工作委员会，领导北平（今北京）、天津、唐山三个城市工作委员会和铁路线党组织。图为平津唐点线工作委员会机关旧址：法租界寿德大楼（今和平路322号）。

《天津导报》

抗日战争胜利后，1945年8月，中共天津工作委员会成立，对外称天津解放委员会。这是9月30日创刊的天津工作委员会机关报——《天津导报》。

抗暴传单

1946年12月，驻北平（今北京）的美军士兵强暴北京大学女学生，激起天津学生的强烈愤慨。1947年1月1日，天津26所大、中学校学生3000余人冲破障碍，举行了抗议美军暴行大游行。游行队伍包围了美国海军陆战队司令部，递交了抗议书。这是游行学生散发的传单。

反饥饿、反内战游行

1947年5月20日，天津学生在党的领导下，举行"反饥饿、反内战"大游行。

电车工人罢工

1948年10月，天津电车工人为增加经济收入、要求实物发薪举行了大罢工，使城市交通陷于瘫痪。

敌人防御工事要图

　　面对人民解放战争的节节胜利，天津的国民党军队妄图负隅顽抗，修筑了41公里长、3.5米高、外绕护城河的城防工事。为配合人民解放军攻城，天津地下党组织千方百计搞到了国民党军的防御工事要图，使我军得以准确摧毁敌人的防御工事。这是地下党获得的防御工事要图。

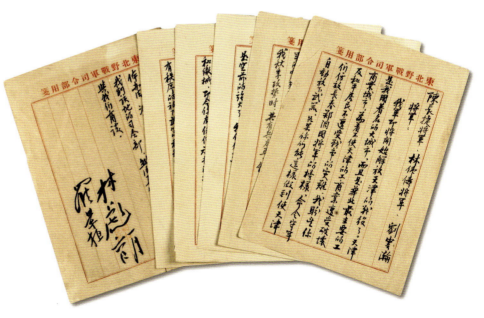

林彪、罗荣桓致陈长捷等信

　　根据中央军委的指示，1948年11月29日，东北、华北人民解放军发起平津战役。1949年1月10日，中共中央决定以林彪、罗荣桓、聂荣臻三人组成总前敌委员会，统一领导平、津、张、唐地区的作战和接管等一切工作。为了和平解放天津，1949年1月6日，林彪、罗荣桓致信天津守敌指挥官陈长捷等人，指出，只要自动放下武器，将保障他们的生命财产和个人自由。

炮队镜

1949年1月14日上午10时，在国民党守军拒绝放下武器后，人民解放军向天津发起总攻。这是进攻天津时人民解放军使用的炮队镜。

天津市人民政府第一号布告

1949年1月15日，天津市人民政府宣告成立，黄敬任市长，张友渔任副市长。这是天津市人民政府第一号布告。

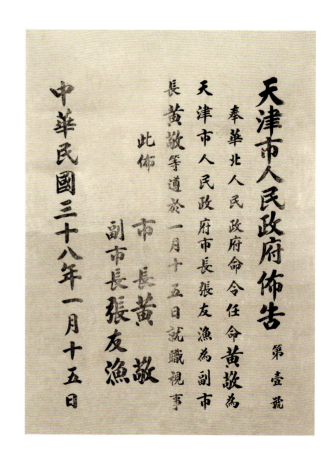

天津市人民政府布告 第壹号

奉华北人民政府命令任命黄敬为天津市人民政府市长张友渔为副市长黄敬等遵于一月十五日就职视事

此布

市长 黄敬
副市长 张友渔

中华民国三十八年一月十五日

锦旗

　　1949年1月15日下午3时，天津战役胜利结束，全歼守敌13万人，天津宣告解放。17日，塘沽解放。这是攻克天津后人民解放军颁发的奖旗。

天津军管会牌子

　　1949年1月15日，中国人民解放军天津区军事管制委员会成立，黄克诚任军管会主任，谭政、黄敬任副主任。军管范围：东至塘沽、大沽；西至杨柳青；南至静海；北至杨村。这是军事管制委员会驻地悬挂的牌子

责任编辑　王　伟

责任印制　张道奇

装帧设计　李　红

设计制作　雅昌设计中心·北京

图书在版编目（CIP）数据

中华百年看天津 / 天津博物馆编 . －－北京 ：文物出版社，2013.11

（天津博物馆文物展览系列图集）

ISBN 978-7-5010-3892-3

Ⅰ．①中… Ⅱ．①天… Ⅲ．①天津市－地方史－图集Ⅳ．① K292.1-64

中国版本图书馆 CIP 数据核字 (2013) 第 261235 号

中华百年看天津

编　　者	天津博物馆
出版发行	文物出版社
社　　址	北京东直门内北小街 2 号楼
邮　　编	100007
网　　址	http://www.wenwu.com
邮　　箱	web@wenwu.com
经　　销	新华书店
制版印刷	北京雅昌彩色印刷有限公司
开　　本	889×1194 毫米　1/16
印　　张	7.25
版　　次	2013 年 11 月第 1 版
印　　次	2013 年 11 月第 1 次印刷
书　　号	ISBN 978-7-5010-3892-3
定　　价	98.00 元